Inhaltsverzeichnis

Manipulationstechniken

Manipulation erkennen, zum eigenen Vorteil manipulieren und Menschen im Alltag für sich gewinnen

Julien Heid

1. Auflage

Einleitung

Vielleicht gehören Sie auch zu den Menschen, die einen gehörigen Schreck bekommen, wenn sie das Wort „Manipulation“ hören. Wenn dieser Begriff fällt, zucken viele Menschen oft unwillkürlich zusammen. Sie scheinen verlegen, unschlüssig, manchmal sogar ängstlich, und wollen das Gespräch schnell auf etwas anderes lenken.

Dabei ist Manipulation etwas, das jeder schon einmal für sich genutzt hat und immer wieder anwendet - vielleicht sogar jetzt gerade in diesem Augenblick. Dies geschieht sowohl unwissentlich und unbewusst als auch wissentlich und bewusst.

Wir alle haben schon einmal die eine oder andere Manipulationstechnik angewendet, um uns in einer bestimmten Situation einen (möglicherweise auch nur kleinen) Vorteil zu verschaffen. Vielleicht gehören Sie auch zu den Menschen, die sich darüber schon selbst oft Gedanken gemacht haben - absichtlich „manipuliert“ haben.

Aber selbst dann wagen es die meisten Menschen nicht mehr, den entscheidenden Schritt nach vorn zu machen: Sich das eigene manipulative Verhalten vor Augen führen. Obwohl sie ihren Körper oder ihre Sprache bewusst und absichtlich einsetzen mögen, um eine andere Person in ihrem Sinne zu manipulieren, interessieren sie sich nicht weiter dafür.

Die Techniken, die sie gerade noch selbst angewendet haben, scheinen ihnen unbedeutend. Folgendes Beispiel soll den Zusammenhang hiermit verdeutlichen:
Sie führen ein Bewerbungsgespräch für Ihren Traumjob, bei dem Sie mit ihren Talenten und Fähigkeiten etwas übertreiben. Das ist nichts Schlimmes. Manchmal passiert es auch automatisch, ohne dass man es sich bewusst vorgenommen hat. Sie tragen also an einer gewissen Stelle etwas dick auf. Dann warten Sie ab, wie Ihr Gegenüber reagiert. Der Personalchef, der bei ihrem Bewerbungsgespräch mit anwesend ist, ist ein „alter Hase“ im Business und kennt die Tricks und Kniffe. Er reagiert... jedoch reagiert er nicht so, wie Sie es erwartet haben.
Er nimmt Ihr Geprahle zwar kommentarlos hin, setzt aber sogleich zum Gegenschlag an. Seine Absicht ist es, herauszufinden, was an Ihren Aussagen wirklich dran ist. Dies ist nur legitim.
Vielleicht versucht er es über einen Witz, über den sie beide kurz lachen können; vielleicht aber auch mit einer simplen, jedoch messerscharfen Nachfrage.

Nur Sie haben damit nicht gerechnet. Sie dachten, das Flunkern mit Ihren Fähigkeiten würde reibungslos funktionieren. Soweit wollten Sie denn auch nicht gehen, denken Sie sich vielleicht in dem Augenblick. Was dann weiter geschieht, ist klar: Ihr Versuch, durch Übertreibung an einem bestimmten Punkt des Gesprächs Ihre Vita ein wenig aufzupeppen, ist fehlgeschlagen. Sie sind nun in der Defensive, und der gewiefte Personalchef Ihnen gegenüber freut sich, Sie entlarvt zu haben.

Er drängt weiter in Sie und Sie sehen sich vielleicht sogar gezwungen, Dinge von sich preiszugeben, die Sie in ein negatives Licht setzen.
Falls Sie darauf nicht gewappnet sind, dass Ihr Gegenüber auf Ihren Manipulationsversuch eingeht, können Sie sehr schnell der Verlierer sein und schlecht dastehen.

Es ist eine alltägliche Tatsache, dass zahlreiche Menschen zwar verschiedene Manipulationstechniken anwenden, diese jedoch nicht konsequent einsetzen. Hierbei scheint es ein Dilemma zu geben: Tun wir es konsequent, ziehen wir also ein Manipulationsvorhaben durch, besteht die Gefahr, schnell als schlechte oder sogar böse Menschen angesehen zu werden. Und wer will das schon? Menschen, die manipulieren und damit großen Erfolg haben, werden nicht selten von der Gesellschaft als negativ angesehen. Wie bigott das ist, zeigt der Blick in die Wirklichkeit. Es scheint eine Art ungeschriebenes Gesetz zu sein: „Wir beeinflussen zwar andere, nur dürfen wir damit keinen Erfolg haben."

Manipulationsversuche klappen nur dann, wenn man sie durchdenkt und auch entschlossen durchzieht. „Konsequent zum Erfolg", könnte man als Devise ausgeben. Das ist ein Grundsatz.

In den folgenden Kapiteln möchte ich Ihnen aufzeigen, dass Suggestivtechniken nicht nur Bestandteil unseres alltäglichen Lebens sind, sondern auch zum Erfolg führen können.

Eine Warnung jedoch vorweg! Zwar gehört Manipulieren zur menschlichen Natur (selbst Tiere tun es), es ist sozusagen eine angeborene Komponente des menschlichen Verhaltens, doch sollte dies nicht dazu verleiten, sich ein Leben aus Manipulation aufzubauen. Es geht vielmehr darum, sich bewusst zu machen, dass jeder Mensch andere beeinflusst, so wie wir alle auch selbst manipuliert werden. Manche machen es nicht so häufig, andere mehr oder weniger permanent.
Wir sollten der Tatsache ins Auge blicken, dass wir manipulative Lebensformen sind. Es abzulehnen, verschafft uns keinen Vorteil. Es zu akzeptieren, hilft uns allerdings selbst und der Welt gegenüber bewusster zu handeln, und dies ist als sehr positiv anzusehen.

„Manipulation", „Suggestion" oder „Fremdbestimmung" sind große Worte, welche meist ungesehen und ungehört zwischen den Zeilen fast jeder Schlagzeile in den Medien stehen. Sie spielen raffiniert und clever mit, wenn wir dem Nachrichtensprecher zuhören; oder sind allgegenwärtig, wenn wir uns zurücklehnen, um uns gemütlich einen Film anzusehen. Die gesamte digitale Medienwelt von heute trägt den Untertitel „Manipulation". Wie sollte es auch anders sein, wenn schon die Menschen, die diese Welt kreieren, in ihrem normalen Alltag manipulativ agieren?

Doch ist Manipulation nicht gleich Manipulation.
Ist etwa die Aufforderung, sich gesund zu ernähren, eine Manipulation? Nein, grundsätzlich nicht. Denn jeder Mensch muss sich auf die eine oder andere Art ernähren.

Und warum sollte man etwas ungesundes essen, wenn es auch gesund möglich ist?

Falls mit dieser Aufforderung allerdings eine spezifische Produktempfehlung einhergeht (Werbung!), haben wir bereits die Welt der Manipulationstechniken betreten. Wer sich unbewusst darauf einlässt, findet sich vielleicht im Supermarkt vor diesem oder jenem Regal wieder. Wem allerdings bewusst ist, dass hier Fremdbestimmung am Werk ist – manchmal auch mehrere Formen gleichzeitig -, der ist in der Lage, die Basis-Botschaft „gesunde Ernährung“ für sich zu nutzen. Manipulationstechniken haben dann keine Wirkung auf ihn.

Generell funktionieren diese Techniken, von denen es viele verschiedene gibt, nur dann, wenn sie auf einen unbewussten Empfänger stoßen.
Erkennt man eine Strategie, ist diese fast augenblicklich entzaubert. Und mehr noch: Man kann diese Strategie in vielen Situationen für sich einsetzen - den Spieß gewissermaßen umdrehen.
Hierzu gehe ich später noch ausführlich ein.

Wer sich in der heutigen, von Medien dominierten, Welt nicht mit dem Thema Manipulation beschäftigt, kann leicht zum Opfer werden.

Doch soweit muss es nicht kommen!

Atmen wir tief durch, machen wir einen Schritt zurück und widmen wir uns bewusst dem Thema Manipulation.

Schauen wir uns die Techniken an, die uns zur Verfügung stehen und schon wird das unheimliche Monster aus einer fremden Welt schnell seine furchteinflößende Magie verlieren.

Alle Techniken, die es für den Menschen nur geben kann, haben letztendlich ihren Ursprung in:

- **Körper**
  und
- **Sprache**

Wir haben einen Körper, und wir haben eine Sprache. Dadurch manipulieren wir. Dies ist eine Grunderkenntnis. Der Mensch teilt sich über seinen Körper und seine Sprache mit, also verbal und nonverbal.

Sollte er persönlich nicht in der Lage sein, jemandem zum Beispiel seine Emotionen mitzuteilen, schafft er sich Behelfsmittel. Wo früher noch das Telefon zum Einsatz kam, ist es heute möglich, seine Emotionen zu „skypen". Trotz Videobotschaft sowie einem Bildschirm zwischen uns und dem Empfänger, bleiben wir eine dreidimensionale, körperliche Erscheinung. Selbst ein Avatar ist nur die Projektion unserer manipulativen Wünsche und soll das übertragen, was wir ihm mitgeben.

Mit der Sprache verhält es sich genauso.
Es mag vielen Menschen vielleicht nicht bewusst sein, aber selbst autonom agierende Algorithmen haben ihren Ursprung beim und im Menschen:

Beim Produzenten einer Software, der einst die Grundlagen für diese Algorithmen schuf. Und das tat dieser Schöpfer, indem er seine Sprache benutzte, die wiederum eine andere Sprache, eine Computer-Sprache, erschuf.
Auch wenn wir oft längst nicht mehr selbst verantwortlich für unsere Manipulationen zu sein scheinen, wir werden es als Urheber unserer Gesellschaft immer bleiben.

Der Begriff „Manipulation" leitet sich von den lateinischen Worten „manus", „Hand", und „plere", füllen", ab. Man übersetzt „Manipulation" darum wörtlich mit „etwas in der Hand haben". Ursprünglich bezeichnet es die „Handhabung" von etwas, etwas „Handwerkliches". Im übertragenen Sinne wird dieses Wort verwendet, wenn man einen „Kunstgriff" oder einen „Trick" beschreiben möchte.

Schon durch seine Wortbedeutung allein wird Manipulation zum Programm, denn Sie haben Ihr Leben selbst in der Hand. Wann immer Sie Ihrem Leben einen Sinn oder ein Ziel geben, manipulieren Sie es.

Selbst das Universum beruht offenbar auf der Notwendigkeit zur Manipulation. Dies haben Quantenphysiker in einer veröffentlichten Studie festgestellt.

Indem wir am Leben teilnehmen, beobachten wir es. Indem wir es beobachten, beeinflussen wir es mit unserem Bewusstsein.

Auch das Gesetz der Anziehung, das quantenphysikalisch erforscht wird, steht damit in Zusammenhang. Demnach lässt sich unser Bewusstsein mit verschiedenen Mitteln, die wir auch selbst einsetzen können, steuern bzw. manipulieren. Über diese bewusste Steuerung unserer Gedanken können wir Menschen oder Dinge aktiv beeinflussen. Manipulation wird somit zu einem vom Universum selbst legitimierten Gestaltungs-Mechanismus.

Niemand muss sich also davor fürchten oder davor zurückschrecken, Manipulationsmechanismen im Alltag anzuwenden, um damit seinem Leben eine gewünschte Richtung zu geben oder ein bestimmtes Ziel zu erreichen.

Wollen Sie Menschen manipulieren?

Ob Sie Menschen manipulieren wollen, ist eine sogenannte „rhetorische“ Frage. Das heißt, es wird hier keine Antwort erwartet. Auch wenn Sie diese Frage verneinen würden, würden Sie nichts an der Grundsituation Ihres Lebens ändern. Jeder manipuliert andere. Es geht nicht ohne Manipulation.
Das Universum beruht darauf. Nur hat das Universum ein Problem nicht, welches wir haben: Es hat offenbar kein Gewissen. Es macht sich keine Gewissensbisse, wenn seine unpersönlichen Gesetzmäßigkeiten dazu führen, dass schlimme Dinge passieren. Es ist wie es ist. Und es will offenbar verändert werden.

Auch dies ist eine Erkenntnis aus der Quantenphysik, die sich immer mehr der heutigen Psychologie annähert.

Selbst in der Tierwelt ist dies bekannt. „Manipulieren und manipuliert werden“, ist ein Naturgesetz und trifft für den Menschen mit seinen sprachlichen Fähigkeiten umso mehr zu. Die Sprache ist, mehr noch als der Körper, bestens für jegliche Formen der Beeinflussung geeignet. Denn während unsere Körpersprache aufgrund ihrer natürlichen, unbewussten Automatismen oft nur sehr schwer kontrollierbar ist, können wir unsere Sprache geschickt und bewusst zur Manipulation einsetzen. Im Idealfall agieren Körper und Sprache zusammen.

Am besten funktioniert Manipulation allerdings immer noch dann, wenn wir unsere Körper „heraushalten“ können. Von daher ist das Informationszeitalter ein Manipulationszeitalter.

Täglich werden es mehr Fake News aus Politik und Gesellschaft, mit denen man konfrontiert wird. Viele Nachrichten haben eine Halbwertzeit von wenigen Stunden.

Doch diese reichen aus, um einen versteckten manipulativen Zweck zu erfüllen. Die personalisierbaren Such-Algorithmen von Google & Co. setzen dem Ganzen nur noch die Krone auf. So wird es als Errungenschaft verbreitet, dass wir uns die Manipulationen, welchen wir ausgesetzt werden, selbst aussuchen können. Die Folge ist eine regelrechte „Manipulationsblase“, in der wir uns häufig befinden. Der Gedanke dahinter zielt auf Ihre Meinung oder Ihrem Konsumverhalten, um die ein unterschwelliger, suggestiver Informationskrieg ausgebrochen zu sein scheint. Im digitalen Wirrwarr von Bits und Bytes ist es häufig sehr schwer, den Überblick zu behalten und nicht Opfer des einen oder anderen Manipulationsversuchs zu werden. Es ist so gut wie unmöglich!

Als Beispiel hierfür könnten Sie sich ein Video über einen Ski-Unfall in den Alpen ansehen. Eine Frau fährt die Piste hinunter und stürzt plötzlich, da hinter ihr ein anderer Ski-Fahrer auftaucht, der sie ins Trudeln bringt.Was soll das, fragen Sie sich vielleicht? Gut, es ist reißerisch und sensationslüstern.

Das Beachtliche daran ist: Hinter solchen Videos steckt sehr häufig „virale Werbung“, die sich soziale Netzwerke und deren Vernetzungsgeschwindigkeit zunutze machen.

Dabei geht es nur vordergründig um den vermeintlichen Unfall, der oft auch nur fingiert ist. Tatsächlich geht es darum, Sie im Verborgenen auf ein Produkt aufmerksam zu machen, um es besser vermarkten, also verkaufen zu können. Dabei kann es sich um die Firma handeln, welche die Skier herstellt, oder aber um einen Produzenten von Outdoor-Jacken. Obwohl in der Kombination von Bild, Ton und Ereignis vielleicht neuartig, ist es eigentlich eine klassische Werbung und damit Manipulation. Ihr mögliches Interesse an Outdoor-Produkten wird nicht offen angesprochen, sondern die Beeinflussung soll durch mehrere Ebenen hindurch nachhaltig auf Sie einwirken. Und wenn Ihre Bekannten auf Facebook das Produkt kaufen, wollen Sie es dann nicht ebenfalls haben?

Es kommt jedoch der Moment, in welchem Sie innehalten und einen Schritt zurücktreten. Sie wollen nicht immer nur fremdgesteuert werden. Sie wollen die Tricks, Kniffe und Strategien kennenlernen, mit denen man Sie manipuliert oder versucht zu manipulieren. Und Sie beginnen damit, sich diese Techniken anzueignen, um selbst gezielt auf Ihr Leben Einfluss zu nehmen. Sie wollen kein Fähnchen im Wind mehr sein, das jeder hin und her flattern lassen kann, wie er will.

Während Sie sich mit Manipulationstechniken beschäftigen, stellen Sie fest, dass es auch viele Dinge sind, die Sie selbst schon oft angewendet haben. Aber Sie wussten bisher nicht um ihre manipulative Wirkung.

Seien Sie ehrlich zu sich selbst: Sobald Sie die Scheu vor dem großen Wort „Manipulation“ abgelegt haben und Ihnen klar geworden ist, dass Sie kein schlimmer Mensch sind, wenn Sie andere Menschen manipulieren, kommt Ihnen ein Gedanke - Sie haben doch schon immer davon geträumt, die eine oder andere Situation in Ihrem Leben für Ihren Vorteil zu nutzen oder sich diesen zu verschaffen. Nur es klappte meist nie so recht.

Wie funktioniert Manipulation?

Beginnen wir mit dem Körper sowie der Körpersprache. Sie ist uns bis zu einem gewissen Grad angeboren. Wir treten normalerweise so auf, wie wir uns fühlen oder wie wir sind. Wenn wir uns wohlfühlen, haben wir zum Beispiel einen aufrechten Gang; wenn wir hingegen Unwohlsein empfinden, sinkt unser Körper eher ein. Sind wir bester Laune, lächeln wir die Menschen an, führen gerne Gespräche, strahlen unsere positive Stimmung nach außen und scheinen unsere Umwelt sogar damit anzustecken. Sind wir depressiv, sind wir in uns gekehrt, vermeiden wir Augenkontakte, sind wortkarg und lassen unsere innere Isoliertheit nach außen dringen. So zeigt sich die uns angeborene Körpersprache.

Das „sein, wie man ist“ gilt für unsere vier Wände und für alle Orte, an denen wir allein sind und uns niemand beobachtet. Hier brauchen wir uns nicht zu verstellen.

Das kann sich jedoch augenblicklich ändern, falls wir mit einer anderen Person in Kontakt treten, und sei es nur die eigene Freundin oder der eigene Freund. Dann können wir das Grundmuster unserer Körpersprache, zumindest vorübergehend, gezielt verändern.

Die Geheimnisse der Körpersprache

Die allgemeine Definition für Körpersprache lautet:

„Körpersprache ist jener Teil Ihrer Kommunikation, der nicht über den analogen und digitalen Anteil Ihrer Sprache übertragen wird."

Es handelt sich somit um alles, was Sie über das gesprochene Wort hinaus in Ihre Umwelt kommunizieren. Dazu gehören im Wesentlichen vier Punkte:

Gestik (Bewegungen der Körperteile)

- Mimik (Aussagen des Gesichts)
- Ausstrahlung (Charisma, Aura)
- Körperkonstitution (Vitalität)

Man könnte auch sagen, dass unsere Körpersprache und ihre vier Komponenten die nonverbale Kommunikation ausmachen.

Sie trägt ganz erheblich dazu bei, welchen Eindruck wir bei unserem Gegenüber hinterlassen.

Es wird somit ersichtlich, dass der Begriff „Körpersprache" sowohl bewusste als auch unbewusste Körperäußerungen resümiert. Die Körpersprache hat einen entscheidenden Einfluss auf das, was und wie wir kommunizieren wollen.

Bei dem Thema Körpersprache gibt es im Allgemeinen zwei verschiedene Lager:

- Die einen halten die Bedeutung der Körpersprache für überbetont und übertrieben, sprechen sogar von einem „Hype“. Sie sind der Ansicht, dass die natürliche Attitüde ausreichend sei und die Körpersprache nicht manipuliert werden muss. Wirkung und Bedeutung von Gesten würden grundsätzlich überschätzt.

- Die anderen halten die Körpersprache dagegen für das sogar wichtigste Instrument individueller Wirkung. Sie legen von daher viel Gewicht auf Übungen, die die Sprache des Körpers in manipulativer Hinsicht verbessern. Erfolg machen sie von einem überzeugenden Habitus abhängig.

Wie bei anderen Dingen auch, liegt die Wahrheit wohl irgendwo dazwischen. Dabei gilt das Axiom des bekannten Kommunikationsforschers Paul Watzlawick als wegweisend: „Man kann nicht nicht kommunizieren“.

Im Kontext von Manipulationstechniken ist der Einflussfaktor der Körpersprache von daher sehr bedeutend. Darum sollten wir uns stets bewusst machen, wie wir mit unserem Körper auf andere wirken.

Bei einem für uns positiven Gespräch werden nonverbale und verbale Kommunikation idealerweise zu einer Einheit. Das betrifft auch die Stimme selbst. Sie überträgt nämlich die Sprache und hat darum einen wesentlichen Anteil an Erfolg oder Misserfolg einer Kommunikation. Stimmt die Balance zwischen Sprache, Stimme und Körpersprache, bleibt der Erfolg meist nicht aus.

Den Gesten wird eine besonders starke Bedeutung in der menschlichen Kommunikation zugeschrieben. Es gibt Studien, nach denen ihnen bis zu 80 % der kommunikativen Wirkung zugeschrieben werden. Die restlichen 20 % teilen sich demzufolge Sprache, Mimik, Körperkonstitution, etc.

Im Folgenden liegt der Fokus auf dem Berufsleben. Dort entstehen die meisten für uns wichtigen Situationen, in denen Manipulationstechniken gezielt zum Einsatz kommen. Hier können Kleinigkeiten absolut entscheidend sein. Wer sich hier auskennt, kann viel erreichen.

Wenn Sie das „Statusspiel" im Beruf mitspielen wollen, sollten Sie sich mit der Kraft und Wirkung von Gesten auskennen. Sie sollten wissen, was sie bedeuten und diese beherrschen.

Sie haben nicht nur eine enorme Wirkung auf andere, sondern geben Ihnen auch persönlich mehr Selbstbewusstsein im Umgang mit Ihrem Gegenüber. Die folgenden Gesten etwa signalisieren besondere Macht und hohen Status:

- Langsame, elegante, bedachte Bewegungen
- Unverkrampftes Lächeln
- Aufrechte, stille Kopfhaltung
- Kräftige Stimme

Diese Gesten werden meist bewusst eingesetzt und dienen einem ganz bestimmten Zweck. Sie unterscheiden sich dadurch von den mehr oder weniger unbewussten Gesten, welche wiederum dem Stressabbau dienen.

Neurologisch betrachtet sind Gesten ein Mittel zur Entleerung unseres kognitiven Speichers. Dies bestätigen beispielsweise Studien der niederländischen Forscher um Wim Pouw und Jacqueline de Nooijer von der renommierten Erasmus Universität in Rotterdam.

Gesten helfen uns dabei, unsere Gedanken zu ordnen und Lösungen für Probleme zu finden. Läuft unser geistiger Arbeitsspeicher auf Hochtouren, müssen wir ihn vor möglicher Überlastung schützen. Dadurch lagern wir die Informationen und kognitiven Prozesse praktisch aus und visualisieren sie. Hierbei dienen uns unsere Hände als sogenanntes Mittel des „erweiterten Gedächtnisses“. Im Extremfall fuchteln und gestikulieren wir wild herum. Hier spricht man dann eher von unkontrollierten Gesten.

Doch der Grat zwischen einem situativ bedingten Stressabbau mit der Auslagerung kognitiver Prozesse in Gesten und einem schlichtweg arroganten Gesamteindruck ist schmal.

- Gesten

Hier wäre zuerst das berühmte Lächeln zu nennen. Gefühlszustände wie Freude, Anspannung oder Angst machen sich durch die Körpersprache besonders bemerkbar. Wenn Sie einen Raum betreten und angespannt sind, kommen die entsprechenden Signale sofort beim Gegenüber an. Ist Ihr Lächeln echt oder nur vorgetäuscht?

Bei einem echten, ehrlichen Lächeln bilden sich sogenannte Krähenfüße an den äußeren Augenenden. Täuschen Sie dagegen ein Lächeln nur vor, ist lediglich der Mund involviert.

Ein ehrliches Lächeln hat mehrere Vorzüge: Es lässt Sie sympathischer und weltoffener wirken. Davon sind Ihre restliche Erscheinung und Körperhaltung mit betroffen. Ihr Lächeln überstrahlt alles gewissermaßen. Wenn Sie Ihr Gegenüber anlächeln, wirken Sie automatisch aufgeschlossener gegenüber den Dingen. Des Weiteren verbessert ein Lächeln nachweislich auch Ihre eigene Laune. Es ist autosuggestiv.

Wollen Sie Ihre positive Ausstrahlung noch weiter verbessern und unterstützen, ist eine aufrechte und gerade Körperhaltung wichtig, sowohl beim Sitzen als auch beim Gehen. Wer so sitzt oder geht, wirkt automatisch viel selbstsicherer und selbstbewusster. Auch wirken Sie so ruhiger und besonnener.

Die Atmung fällt Ihnen leichter als bei einer zusammengesunken oder gekrümmt Sitzhaltung. Durch die verbesserte Atmung wird auch Ihre Stimmkraft und damit das Volumen Ihrer Stimme verbessert. Sie sollte zusammen mit Sprache und Körper eine positive Einheit bilden. Insgesamt erhält Ihre Erscheinung einen besseren Status, wenn Sie eine aufrechte und gerade Körperhaltung einnehmen.

Trotz Ihrer Bemühungen um eine positive Körpersprache geschieht vieles dennoch unbewusst. Vor allem das sogenannte „Augenspiel" ist hier zu nennen. Da Sie natürlich nicht stetig über jede kleine Bewegung Ihres Körpers nachdenken, kommt es vor, dass Sie sich unwillkürlich drehen oder den Kopf zur Seite wenden.

Dennoch sind wir trotz allen Tipps hinsichtlich unserer Körpersprache und möglichen Manipulationstechniken keine Roboter. Die unbewussten Aspekte der Sprache unseres Körpers können natürlich Ihrem Gegenüber ungewollte, ungefilterte Einblicke in Ihre wirkliche Gefühlswelt geben. Es ist daher nicht immer ideal, mit einer „to-do"-Liste für Charisma und Habitus durch das Leben zu gehen. Dies würde Sie nur unnötig einzwängen. Denn oft ist es gerade auch die Spontanität unserer Körpersprache, welche uns positiv erscheinen lässt.

Eine Grundregel für Körpersprache in Kombination mit Manipulationstechniken ist es, mit seinem Gesprächspartner ein gemeinsames Level auf Augenhöhe einzunehmen.

Höhenunterschiede werden von beiden Seiten eines Gesprächs wahrgenommen und entsprechend interpretiert.
Sie sitzen beispielsweise am Schreibtisch und Ihr Chef tritt neben Sie. Sie bleiben sitzen und er überragt Sie mit seiner Körpergröße. Ist das ein angenehmes Gefühl? Wohl eher nicht.

In vielen Restaurants werden die Angestellten heutzutage angewiesen, sich bei einer Bestellung neben den Tisch zu setzen. So sind sie in Augenhöhe zum Gast. Eine Maßnahme, um die Höhenunterschiede zu nivellieren.
Es ist klar: Wer von oben auf jemanden herabblickt, wirkt sofort überlegen oder sogar bedrohlich. Denken wir an die Tierwelt, so scheint das plausibel.

Das ist allerdings nicht selten ein kalkulierter Effekt der Status-Demonstration. Sympathisch wirkt es freilich nicht. Außer wenn es beabsichtigt ist, sollte man niemals von unten nach oben auf jemanden schauen. Wenn ein Gesprächspartner sitzt, sollte man sich ebenfalls setzen und nicht stehen bleiben, geschweige denn im Raum umhergehen. Das ist oftmals eine Verhaltensweise, die der Chef seiner Sekretärin beim Diktat entgegenbringt.

Ein weiterer Punkt ist die „Distanzzone“.

Außer Gestik und Mimik wird auch die Distanzzone gerne als Komponente der Körpersprache genannt. Der Begriff sagt bereits deutlich, was damit gemeint ist:

Sie sollten eine angemessene Distanz zu Ihrem Gesprächspartner einhalten. Das signalisiert vor allem Respekt, was im beruflichen Kontext überaus wichtig ist, um seriös aufzutreten.

Dringen Sie nicht in den Aura-Bereich Ihres Gegenübers sein. Sogar bei besten Freunden kann das schnell als unangenehm und als zu aufdringlich, oder impertinent und damit distanzlos gewertet werden.

In unseren westlichen Kulturkreisen ist die engste Distanzzone, auch Intimsphäre genannt, nur der Familie oder dem Partner vorbehalten. Diese befindet sich innerhalb 60 cm Umkreis unseres Körpers.

Das Nichteinhalten dieser Distanzzone wird in der Regel als Aufdringlich oder gar einer Bedrohung interpretiert.
Denn: Je näher jemand an meinem eigenen Körper steht, desto leichter fällt es ihm, mich im Ernstfall zu verletzen.
Dies ist ein Beispiel dafür, dass unsere Körpersprache alles andere als „modern" ist. Sie ist uralt und hat sich wahrscheinlich in den letzten 10.000 Jahren nicht wesentlich verändert. Primär geht es dem Körper darum, Gefahren abzuwehren. Ein Verhalten, dass uns von unseren Vorfahren vererbt wurde.

Zu den Abwehrhaltungen gehört auch das Arme verschränken. Dazu wird oft der Blick abgewendet. Dies soll Ihrem Gegenüber signalisieren, dass Sie auf Distanz gehen und an dem was er kundtut nicht interessiert sind, oder den Inhalt ablehnen.

Mit dieser Körperhaltung kann inhaltliche, aber auch körperliche Distanz gemeint sein. Dabei wirken Ihre Arme wie ein Schutzwall. Es ist jedoch möglich, sich dieses, sehr häufig zu beobachtende, Verhalten abzutrainieren.

Eine andere Geste, die sehr weit verbreitet ist, ist das an die Nase fassen. Dies ist eine alltägliche und Vielen vertraute Geste. Zwei Finger fassen zur Nasenwurzel. Eine Abwandlung davon ist es, wenn man sich mit der Hand über das Gesicht reibt oder seinen Nacken streicht. Diesen Formen der Körpersprache ist eines gemeinsam: Sie sind Anzeichen für Stress, Druck oder Frustration. Besonders im Beruf können solche Gesten verheerende Folgen für das Verhältnis zwischen Mitarbeiter und Chef haben. Wenn Sie sich an die Nase fassen, übers Gesicht reiben oder sonst wie an Kopf und Gesicht rumspielen, wirkt das auf Ihr Gegenüber unhöflich. Sie erscheinen zudem unkonzentriert. Gerade bei fokussierten Gesprächen sollte man solche Gesten tunlichst vermeiden.

Überdies hinaus gibt es weitere zahlreiche Gesten, welche Sie vermeiden sollten.
So sollten Sie während eines Gesprächs niemals Fusseln von der Kleidung entfernen. Dies ist eine beliebte Geste. Etwas wegwischen signalisiert, dass Sie sauber machen, Platz für Neues schaffen wollen. Sie zeigen damit, dass Sie das Gespräch, welches Sie gerade führen, nicht weiterführen wollen. Sie möchten schlichtweg das Thema beenden oder wechseln.

Das kann in manchen Situationen kontraproduktiv für Ihre eigentlichen Absichten sein. Wenn man tatsächlich jemandem zuhören will, sollten Bauchnabel und Augen kongruent sein. Das bedeutet, dass Sie dem Gespräch mit Ihrem ganzen Körper konzentriert folgen. Sie sind voll dabei.

Wenn Ihre Augen dagegen unruhig sind, Sie sie nicht fixieren und dabei versuchen, irgendwo im Raum einen Halt zu finden, ist das kontraproduktiv. Sie wirken abgelenkt, unkonzentriert oder sogar gelangweilt.

Dasselbe gilt für die ebenso häufig vorkommende Geste:
Hände hinter dem Kopf verschränkt, Ellenbogen nach außen gehalten. Sie wirken damit nicht nur unfokussiert, sondern signalisieren auch Ihre Überlegenheit. Das kann entweder Personen oder Inhalte betreffen.

Das, was unser Körper aus Stress- oder Frustrationsgründen auszudrücken versucht, geschieht auch bei übersteigerter Euphorie. Viele Menschen neigen zu großen Gesten und übertriebenem Pathos in Situationen, die dafür nicht geeignet sind. Eine Theatralik, wie man sie von der Bühne oder von der Leinwand kennt, hat meistens nur dann etwas im realen Leben zu suchen, wenn man dies manipulativ einsetzen möchte.

Was jedoch viele Menschen dabei vergessen ist, dass auch die anderen körperlichen Aspekte konform sein sollten.

Wer unnötigerweise theatralisch auftritt, wirkt schnell lächerlich.

Ein Konzernchef kann bei einer Pressekonferenz pathetisch wirken oder sprechen.

Als Angestellter einer kleinen Firma sollte man nach Möglichkeit jedoch nicht so auftreten.
Vermeiden Sie es daher, Ihre ohnehin ausdrucksstarke Körpersprache auszuschmücken oder diese übertrieben aktiv zu gestalten. Ausholendes Gestikulieren, um jedes Wort zu unterstützen, wirkt nicht nur albern, es ist für Ihr Gegenüber auch ermüdend und nervig. Sie verlieren damit an Glaubwürdigkeit und wirken nicht authentisch.

- Blickkontakt

Das sogenannte „Augenspiel" ist überaus wichtig. Regelmäßiger Augenkontakt zu Ihrem Gegenüber ist zum einen ein Ausdruck von Höflichkeit und zum anderen drücken Sie damit reges Interesse, Aufrichtigkeit und Selbstsicherheit aus. Doch kann man es auch übertreiben. Aus dem positiven Augenkontakt kann schnell ein Anstarren und eine unangenehme dauerhafte Fixierung Ihres Gegenübers werden. Studien haben gezeigt, dass ein Blickkontakt nicht länger als 3,3 Sekunden am Stück dauern sollte. Längerer Blickkontakt kann als aufdringlich und geradezu durchleuchtend interpretiert werden.

Außerdem haben Sie immer die Möglichkeit, Ihren Blickkontakt auf das sogenannte „Face Triangle“ auszudehnen.
Hierbei handelt es sich um ein gedachtes Dreieck, welches aus den Bereichen um die Augen und den Mund gebildet wird. Damit lassen Sie gewissermaßen Ihren Blick über das Gesicht Ihres Gegenübers schweifen. Aber auch hier sollte man bedächtig sein.

Zu hektisches Umherschweifen signalisiert das Gegenteil von Aufmerksamkeit und kann Ihr Gegenüber verwirren und als Manipulationsversuch fehlinterpretiert werden. Die Folge: Ihr Gegenüber zieht sich zurück.

Es gibt viele Studien zum Thema Blickkontakt. So ist bekannt, dass man Personen anhand ihrer Iris eindeutig identifizieren kann. Wie kein anderes Organ unseres Körpers verraten die Augen nicht nur, wer wir sind, sondern auch was wir fühlen. Nicht umsonst werden die Augen „Fenster zur Seele“ genannt.

Wir versuchen oft, in den Augen eines Menschen zu lesen. In einem Gespräch, bei dem sich zwei Gesprächsteilnehmer gegenübersitzen, kommt man nicht umhin, die Augen seines Gegenübers zu interpretieren.

Augen sind verräterisch, denn der Mensch hat keinen Einfluss auf die inneren Augenmuskeln. Diese werden nämlich vom vegetativen Nervensystem gesteuert, über das wir keine Kontrolle haben.

Was aber genau verrät uns, wenn wir lügen?

Unsere Augen-Pupille. Sie ist die Öffnung, durch die das Licht ins Innere des Auges gelangt. Das bedeutet, dass sich die Pupille je nach Lichtverhältnissen weitet oder verengt. Bei wenig Licht weitet sie sich, um lichtdurchlässiger zu sein. Wird es dagegen hell, verengt sie sich.

Diese Veränderungen werden durch die Iris-Muskulatur gesteuert, die die Pupille umschließt.

Doch auch emotionale Faktoren können Veränderungen der Pupille hervorrufen.
Erkennt unser Gehirn, etwa in einer Gefahrensituation oder bei Angst, den Bedarf für höhere Aufmerksamkeit, werden unsere Pupillen weiter. Dadurch können wir mehr von unserer Umwelt wahrnehmen.

Es gibt eine Reihe von Emotionslagen, die wir also nicht nur über Gestik und Mimik, Arme und Beine ausdrücken, sondern die auch direkt an den Augen ablesbar sind. Finden wir unser Gegenüber in einem Gespräch zum Beispiel abstoßend, ziehen sich unsere Pupillen zusammen. Bei Wut ziehen sich zusätzlich noch unsere Augenbrauen zusammen. Sind wir erfreut über etwas, weiten sich unsere Pupillen. Wir signalisieren damit Offenheit und Vertrauen gegenüber der Umwelt.

Für Manipulationstechniken ist die Lüge bedeutsam. Doch lügen will gelernt sein.

Man benötigt dafür eine gute Körperkontrolle, im Rahmen der Möglichkeiten eines jedes einzelnen.

Lügen wir oder lügen wir nicht? Werden wir bei einer Lüge ertappt oder nicht?

In einem Gespräch geht es nicht nur um verbale, sondern auch um nonverbale Kommunikation.

Das bedeutet in vielen Situationen, dass sich Sprache und Körpersignale in einem bestimmten Spannungsverhältnis befinden.

Sagt man die Wahrheit, sind Körper und Gesicht symmetrisch.
Lügt man, wird das Körperbild meist asymmetrisch. Wir sitzen schief, ziehen die Schulter auf einer Seite ein, runzeln kurz die Stirn und zeigen Nervosität, was sich primär über die Augen bemerkbar macht.

Erinnert man sich an etwas oder erzählt man etwas, das der Wirklichkeit entspricht, verweilen die Augen an einer anderen Stelle, als es der Fall ist, wenn man lügt. Häufig weicht der Lügner den Blicken des Gegenübers aus. Das bedeutet, er sucht nach Fluchtmöglichkeiten. Schaut man hingegen jemandem fest in die Augen, signalisiert das, dass man die Wahrheit sagt. Man hält den prüfenden und musternden Blicken der anderen Person stand. Häufiges Blinzeln kann zwar ein erstes Anzeichen für eine Lüge sein, es kann aber auch signalisieren, dass man emotional besonders involviert und berührt ist.

Ein wichtiger Anhaltspunkt dafür, dass jemand nicht die Wahrheit sagt, ist das wortwörtliche Wiederholen einer Frage: „Warst du gestern zu Hause?" „Ob ich gestern zu Hause war?" - Das ist verräterisch. Es ist im Wesentlichen eine Verzögerungstaktik, um Zeit für eine geeignete Lüge zu finden. In die gleiche Kategorie fällt auch die Gegenfrage: „Hast du gestern deine Diät eingehalten?" „Was genau meinst du damit?"

Außerdem verwenden Lügner gerne eine Einführung, wenn sie jemandem eine Lüge auftischen wollen. „Das muss ich dir erzählen! Bevor ich gestern XY traf, war ich noch in ..."

Stellt man einem Lügner eine unerwartete oder unbequeme Frage zu seiner Lügengeschichte, zeigt sich in seiner Mimik einen Augenblick lang eine Art von Verachtung für den Fragesteller.
Aber auch das Gegenteil kann vorkommen. Scheint eine Lüge beim Gegenüber gut angekommen, macht sich im Gesicht des Lügners häufig eine Art Freude breit. Man fühlt sich dann sicher in seiner Haut.

Lügen ist nicht einfach. Wer lügt, fühlt sich oft nicht wohl in seiner Haut. In diesem Fall versucht ein Schwindler eine Barriere zwischen sich und dem Gegenüber aufzubauen.
Wenn man gemeinsam an einem Tisch sitzt, kann es vorkommen, dass der Lügner einen Gegenstand zwischen sich und den Gesprächspartner stellt, wie etwa die Speisekarte, ein Glas oder den Salzstreuer.

Sprachlich betrachtet, vermeiden Lügner häufig Pronomen. Das bedeutet, dass Sätze nicht personalisiert werden. Man vermeidet „ich“, „mein“, etc. und ersetzt sie gerne durch das abstrakte „man“. Aber auch unbewusste Verlegenheitsreaktionen, wie Arm- oder Gesicht kratzen, sind ein Hinweis für eine Lüge.

Grundsätzlich sind Lügner nervös, auch wenn es Menschen geben mag, denen man das weniger ansieht als anderen.

So kommt es auch vor, dass „untrainierte“ Schwindler im Gesicht rot anlaufen oder sich mit der Zunge häufig über die Lippen fahren. Es kann auch vorkommen, dass jemand „ja“ sagt, aber dabei leicht seinen Kopf schüttelt; oder umgekehrt.

Alle oben genannten Körperreaktionen dienen der Stress-Entlastung. Man will sich, mit anderen Worten, seiner eigenen Lügen entledigen. Je schneller, desto besser.

- Die Sprache unserer Hände

Kommen wir zum Mittel des erweiterten Gedächtnisses: unseren Händen.
Die Haltung der Hände ist eine der wichtigsten Komponenten unserer Körpersprache.

Sind wir mal ehrlich! Wir wissen oft nicht, wohin mit ihnen. In die Hosentasche, an die Nase oder hinter dem Rücken verschränken? Dabei ist die Wahrscheinlichkeit groß, dass wir garantiert das falsche machen.
Nehmen wir ein Bewerbungsgespräch. Es eignet sich zur Verdeutlichung der Regeln sehr gut, denn wir haben meist mit der klassischen „Eins-zu-Eins"-Situation zu tun. Bewerber und Personalchef sitzen sich gegenüber.

Studien zeigen, dass man seine Job-Chancen verbessert, wenn man forscher und energischer auftritt als andere. Dabei spielen die Hände eine nicht zu unterschätzende Rolle:

- **Der Eisbrecher:**
  Dabei formen Sie mit beiden Händen ein nach vorne geschlossenes Dreieck (oder eine Raute). Sie signalisieren, dass Sie Vorwürfe oder Ähnliches aus dem Weg räumen wollen. Der Eisbrecher ist in einem Gespräch eine deutliche Schutzmaßnahme. Formen Sie den Eisbrecher, prallt alles von Ihnen ab. Sie signalisieren dadurch aber auch, dass Sie sich verdächtigt, in die Ecke gedrängt oder fälschlich zur Rechenschaft gezogen fühlen.

- **Das Stachelschwein:**
  Dabei falten Sie beide Hände so, dass Ihre Finger abstehen und wie Stacheln aussehen. Damit setzen Sie das Signal, dass Sie sich verteidigen wollen. Sie sehen sich in einer defensiven Lage und bauen eine Blockade in Form von Stacheln auf. Sie sind total auf Abwehr eingestellt.
  In der Regel hört derjenige, der das Stachelschwein formt, zwar zu, nimmt jedoch gegenüber dem Gesagten eine abwehrende, ablehnende Haltung ein.

- **Die Pistole:**
  Dabei falten Sie Ihre beiden Hände so, dass die Zeigefinger nach vorne gerichtet sind und wie ein Pistolenlauf wirken - Sie richten sozusagen eine Pistole auf Ihr Gegenüber und sprechen damit eine nonverbale Verdächtigung aus. Sie treffen eine unabdingbare Feststellung, kommen Ihrem Gesprächspartner nicht entgegen. Die Sache ist für Sie erledigt. Die Pistole tritt sehr häufig bei Verkaufsverhandlungen auf.

- **Hände falten:**
  Diese Geste ist zweideutig. Sie kann Fluch oder Segen zugleich sein. In der passenden Situation mit einer entsprechenden Gesamtkörperhaltung wirken Sie ruhig, aufmerksam und besonnen. Wenn Sie jedoch den falschen Zeitpunkt wählen oder aber ein aufgeregtes Gespräch führen, wirken Sie überheblich, arrogant und machen sich eher lächerlich.

Bei der Analyse der Körpersprache stößt man oft auch auf die sogenannten „Power-Posen“ oder „Power-Gesten“. Die meisten Vorgesetzten haben sich Power-Gesten angeeignet und arbeiten mit diesen. Nicht immer zur Freude ihrer Mitarbeiter, denn es kann auch vorkommen, dass die Körpersprache eines Vorgesetzten oder Chefs nur schwer zu deuten ist.

Oft rätselt man, was er oder sie gemeint haben könnte und fühlt sich gar nicht wohl dabei. Das beginnt dann meistens mit einer Vorahnung, einem unguten Gefühl in der Magengrube, dass etwas nicht stimmt.

Es ist eine Grundregel bei der Bewertung von Körpersprache, diese nie isoliert zu betrachten. Versuchen Sie immer, die Körpersprache eines Menschen im gegebenen Kontext zu interpretieren. Aus dem unmittelbaren Kontext gerissen, verlieren viele Aspekte der Körpersprache ihre Bedeutung. Körpersprache ist spontan und intuitiv. Das ist auch der Grund warum es oft so schwer ist, sie bewusst einzusetzen. Nachstehend einige nonverbale Botschaften, die man häufig beobachten kann:

Körpersprache: Positiv	**Körpersprache: Negativ**
Er / Sie stellt oder setzt sich zu Ihnen physisch auf eine Ebene.	Er / Sie bleibt stehen, wenn Sie sitzen (Betonung von Hierarchie).
Er / Sie behält Blickkontakt zu Ihnen (Interesse).	Er / Sie sieht Sie kaum an, blinzelt öfter als normal und seine / ihre Lippen sind schmal.
Er / Sie betritt Ihr Büro, statt davor stehen zu bleiben (Vertrauen).	Er / Sie verschränkt seine / ihre Arme im Gespräch oder stützt sie in die Hüften (Skepsis).
Er / Sie zeigt seine / ihre offenen Hände. Die Bewegungen sind ruhig und nicht ausladend.	Seine / Ihre Hände sind unter dem Tisch oder stecken in den Hosentaschen; die Finger sind verschränkt oder geballt. Die Gestik ist nervös und asymmetrisch (Misstrauen).

Körpersprache: Positiv	**Körpersprache: Negativ**
Er / Sie hält den Kopf schräg, wenn er / sie mit Ihnen spricht (Zuversicht).	Er / Sie kratzt sich am Kopf, der Nase oder schaut nervös weg, wenn Sie reden (Unglaube).
Er / Sie passt sich Ihrer Körpersprache an, wiederholt Gesten (Sympathie).	Er / Sie breitet seine / ihre Unterlagen vor Ihnen aus (Abgrenzung).
Er / Sie öffnet sein / ihr Sakko (Vertrautheit), stellt sich locker hin oder lehnt sich zu Ihnen hinüber.	Er / Sie blickt zu Ihnen über seine / ihre Schulter, wendet sich damit von Ihnen ab und vergrößert die körperliche Distanz.
In einer Mitarbeiterbesprechung setzt er / sie sich in Ihre Nähe (Zuneigung).	In einer Mitarbeiterbesprechung bleibt er / sie Ihnen fern, spricht Sie kaum an oder stellt Sie nicht vor.

Gefahren beim Deuten der Körpersprache

Das Deuten der Körpersprache des Gegenübers ist nicht einfach. Es erfordert einen geübten und vor allem auch einen unvoreingenommenen Blick.

Ist uns jemand von vornherein unsympathisch, kann es vorkommen, dass man Körpersignale überinterpretiert. Dasselbe gilt übrigens auch im umgekehrten Fall: Wir sind in jemanden bis über beide Ohren verliebt und missachten vorsätzlich die Signale, die diese Person aussendet. Fehleinschätzungen kommen leider sehr häufig vor und es passiert nicht nur Profis.

Die Informationen, welche über die Körpersprache eines Menschen bewusst oder unbewusst transportiert werden, sind vielfältig und multidimensional. Es bleibt also immer ein gewisses Unterfangen, sich auf diese Weise ein abschließendes Bild von einer Person zu machen.

Das trifft besonders bei Bewerbungsgesprächen zu. Eine einzelne Bewegung mit der Hand oder dem Arm kann verschiedene Bedeutungen haben. Darum ist es wichtig, Botschaften immer in der Kombination aus Gesichtsausdruck, Augenspiel, Gestik, Mimik, Körperhaltung und Sprache zu ermitteln. Typische Fehler bei der Einschätzung dieser Komponenten sind z. B. folgende:

- **Isolation:**
  Wer sich beim Sprechen an die eigene Nase fasst, lügt. Das ist fast schon ein geflügeltes Wort. Es kann in der Tat verräterisch sein. Es kann aber auch sein, dass tatsächlich gerade die Nase juckt. Dann ist diese Geste unbedeutend. Fügen sich aber parallel dazu andere Signale zu einem Bild zusammen, das einen bestimmten Schluss zulässt, kann diese Geste tatsächlich verräterisch sein.

- **Kontext:**
  Man sollte niemals nur die nonverbale Kommunikationsweise deuten. Auch hier ist der Zusammenhang mit anderen Signalen wichtig. So kann auch der kulturelle Hintergrund eines Menschen entscheidend sein. Es gibt Gesten, die in der einen Kultur eher positiv, in der anderen eher negativ besetzt sind. Viele Menschen umarmen sich bei der Begrüßung, auch wenn sie sich nicht gut kennen mögen. Steht der Gesprächspartner zum Beispiel unter ungewöhnlichem Druck? Beispielsweise durch eine Krankheit, die Trennung von Partner oder Partnerin oder Arbeitsplatzverlust... Dann kann es sein, dass Informationen nur zögerlich preisgegeben werden. Deswegen ist die entsprechende Person dann nicht

automatisch ein Lügner. In derartigen Fällen lassen sich viele Regeln der Körpersprache nicht mehr unbedingt anwenden. Je nach Kontext können Körpersignale dann etwas anderes bedeuten.

- **Betriebsblindheit:**
  Das betrifft den sogenannten „Halo-Effekt“, der im 19. Jahrhundert bereits von dem amerikanischen Verhaltensforscher Edward Lee Thorndike entdeckt wurde. Er betrifft einen häufig auftretenden Wahrnehmungsfehler.
  Kommen wir in Kontakt mit einer Person, die, aus welchen Gründen auch immer, dominant auf uns wirkt, wird ein „überstrahlender“ Gesamteindruck (Halo-Effekt) erzeugt.
  Ein Beispiel sind Preisverleihungen für Film- Stars. Auf viele Menschen wirken diese Stars so überstrahlend, dass Sie es niemals wagen würden, sie für irgendetwas zu kritisieren.
  Oft wirken auch Menschen mit Brille auf andere intelligenter. Menschen mit Glatze können dagegen eher aggressiv wirken.
  Das ist eine Falle, die uns die Körpersprache stellt: Ein einziger überstrahlender Habitus oder eine Macke, und schon sind wir geneigt, eine Person durch eine getrübte Brille zu interpretieren.

Weitere Techniken der Körpersprache

Nachstehend drei Basisschritte, die Ihnen dabei helfen, Konflikte auf nonverbaler Ebene erfolgreich zu handhaben:

1. **Die Spiegeltechnik:**
   Bereits vor dem eigentlichen Gespräch können Sie Ihrem Gesprächspartner durch Körpersignale Sympathie und inhaltliche Übereinstimmung suggerieren, auch wenn diese gar nicht gegeben sein sollte. Dazu können Sie die gleiche oder eine ähnliche Körperhaltung einnehmen wie Ihr Gegenüber. Diese sogenannte „Spiegeltechnik“ sendet die unbewusste Nachricht aus: „Wir haben vieles gemeinsam. Du kannst mir vertrauen.“ Außerdem suggerieren Sie, dass Sie und Ihr Gegenüber dasselbe Ziel haben.

   Doch Sie dürfen dabei nicht zwanghaft, also gekünstelt auftreten. Warten Sie eine Weile, bevor Sie Ihr Gegenüber vorsichtig nachzuahmen beginnen. Niemals sollten Sie eine Position ruckartig einnehmen. Wenn Ihr Gegenüber nach einer Weile Ihren Gesten folgt, haben Sie erfolgreich eine nonverbale Kommunikationsebene herstellen können. Ihr Gegenüber vertraut Ihnen unbewusst.

2. **Die Sitzposition:** Kommt es zu einem eher aufgeheizten Gespräch, kann man bei schwindender Übereinstimmung eine Position neben seinem Gesprächspartner einnehmen. Ob Sie dabei sitzen oder stehen, spielt keine Rolle. Durch die sogenannte „Schulter-an-Schulter"-Stellung signalisieren Sie, dass Sie eine Konfrontation weder fürchten noch suchen.

   Auf diese Weise können Sie meist die beiden Standardreaktionen: Gegenangriff und Zurückziehen, bei verbaler Konfrontation verhindern. Die „Schulter-an-Schulter"-Stellung erweist sich in vielen Situation als recht schwierig umsetzbar. Nicht immer gelingt es, eine Position mit gleicher Blickrichtung einzunehmen. Daher ist es eine unauffällige Methode, sich neben seinen Gesprächspartner zu setzen, um ihn auf etwas aufmerksam zu machen. Bei einem Geschäftsgespräch kann das zum Beispiel eine Graphik auf einem Blatt Papier sein oder aber vielleicht auch etwas im Display des Handys. Auf diese Weise wird die Geste, um die es wirklich geht, zur Nebensache.

3. **Die unterdrückte Spannung:**
   Wenn das Gespräch überhitzt und aus den Fugen zu geraten droht, können Sie die „Komm-mal-runter"-Geste einsetzen. Halten Sie dafür Ihre Hände mit leicht gespreizten Fingern und mit nach unten gerichteten Handflächen etwas über Hüfthöhe. Dann bewege Sie beide Hände einige Zentimeter nach unten, als würden Sie die hitzige Stimmung nach unten wegdrücken wollen. Das können Sie mehrmals hintereinander machen. Unbewusst wird Ihr Gegenüber in der Regel das Signal so auffassen, dass es für das Gespräch besser ist, zu einem ruhigeren Kommunikationsstil zurückzukehren.

   Doch diese Geste sollten Sie nur dann einsetzen, wenn ein Gespräch auch wirklich stimmungsmäßig auf der Kippe steht oder zu eskalieren droht.

Geheimnisse der Sprachmanipulation

Im Gegensatz zur Körpersprache und ihren Manipulationsmöglichkeiten ist die Beeinflussung mittels der Sprache eine völlig andere, größere Dimension.
Im Vergleich zu den Sprachmanipulationstechniken erscheint die Körpersprache hier geradezu einfältig.

Das Hauptwerkzeug der Einflussnahme ist und bleibt das Wort.

Sicherlich sind Sie schon oft auf Sprachmanipulationstechniken gestoßen. Jeder ist es. Doch ist es den Menschen nicht immer bewusst.

Der Grund ist einfach: In früheren Zeiten wurde die Manipulation mittels der Sprache als „Rhetorik" oder „Dialektik" bezeichnet. Das ist bis heute im akademischen Kontext auch so geblieben. Im Altertum und der Antike galt die Rhetorik als Kunstform, deren Geheimnisse man mühselig studieren musste. Der Rhetoriker war in den Gesellschaften der damaligen Zeit hoch angesehen. Doch so trickreich wie die Rhetorik selbst ist, hat sie sich auch in alle Lebensbereiche des Menschen eingeschlichen. Interessanterweise wird Rhetorik oft gar nicht als Manipulation wahrgenommen. Hier fängt die Einflussnahme bereits an. Oft werden die größten Lügner als gesegnete Rhetoriker bezeichnet.

Schauen wir uns eine Talkshow an, bei der sich Politiker unterhalten. Es geht dabei weniger um Inhalte, als vielmehr um die Selbstdarstellung mit allen zur Verfügung stehenden rhetorischen Tricks und Raffinessen. Kurz gesagt: Das ist Manipulation!

Wenn die Manipulation mittels Sprache so alt ist wie der Mensch selbst, dann stellt sich die Frage: Bei was sollen wir anfangen?

Verschiedene Arten der Sprachmanipulation

Die Beeinflussung, die sich die verschiedenen Ebenen von Worten zunutze macht, lässt sich grob wie folgt einteilen:

- **„Softe“** Manipulationstechniken
- **„Harte“** Manipulationstechniken

In die Kategorie „softe“ Manipulationstechniken fallen alle Techniken, die die Suggestion als primäres Mittel verwenden. Dabei kommen bewusst die Assoziationsebenen zum Einsatz, die Worte besitzen.

Ein Beispiel. Jemand sagt prahlerisch: „Mein Leben ist ein ewiger Sommer“. Das Adjektiv „ewig“ und das Substantiv „Sommer“ sind hierbei suggestiv eingesetzt. Natürlich führt niemand ein solches Leben, schon alleine deshalb, weil es keinen immerwährenden Sommer gibt. Die Worte wirken, sofern metaphorisch verwendet, aber stark suggestiv. In unserem Kulturkreis impliziert „Ewigkeit“ für die meisten Menschen gleichzeitig etwas Göttliches. Das Wort „Sommer“ dagegen lässt bei uns vielfältige, in der Regel überaus positive Assoziationen aufkommen: lockeres Leben ohne Arbeit, Strand, Spaß, Freiheit. Kombinieren wir nur diese wenigen Assoziationspunkte, erhält die Aussage eine ganz andere Dimension.

In Wirklichkeit handelt es sich jedoch um eine plumpe Lüge, die Worte auf eine suggestive Weise einsetzt, um den gewünschten Effekt zu erzielen. Und dieser Effekt kann in der Aufwertung der eigenen Person stehen. Was muss das für ein toller und glücklicher Mensch sein, der ein Leben hat, das wie ein „ewiger Sommer" ist?

Es gibt aber auch die indirekte Suggestion, die schwieriger auszumachen ist. Das gilt besonders für Gespräche, die uns keine Zeit lassen, über die einzelnen Worte lange nachzudenken.

Diese indirekte Suggestionstechnik wird oft als Frage formuliert, wobei ein direkter Befehl absichtlich vermieden wird.

Ein Beispiel: „Werden Sie dieses Buch lesen, in dem Sie interessante Hinweise zur Manipulation durch die Sprache finden?

Zuerst wird die Befehlsform umgangen. Es wird also nicht gesagt: „Lesen Sie dieses Buch!" Diese Form könnte einen unbewussten Widerstand erzeugen, der verhindert werden soll.

Doch genauer betrachtet handelt es sich dabei nicht nur um eine einfache Frage. Im Gegenteil: Es wird in schmeichelhafter Weise suggeriert, dass der Leser das Buch versteht und dass es „interessante Inhalte enthält".

Beide Vorannahmen können absichtlich unzutreffend sein. Zum einen, um einen Leser für das Buch zu finden, der vielleicht zuvor gar kein Interesse an dem Thema hatte. Zum anderen, um vorzugeben, das Buch würde interessante Einzelheiten zum Thema Manipulation bieten. Nichts dergleichen mag möglicherweise zutreffend sein.

- Suggestionstechnik

Suggestion wirkt unbewusst. Da das Unterbewusstsein keine Verneinungen kennt und es schwierig für das Unterbewusstsein ist, diese positiv zu verarbeiten, müssen solche suggestiven Formulierungen immer positiv ausgedrückt werden. Hier sei an Affirmationstechniken erinnert, mit denen man versucht, das Unterbewusstsein auf individuelle Wünsche zu programmieren.

Wie das mit der Verneinung und unserem Unterbewusstsein funktioniert, soll ein einfaches Beispiel verdeutlichen. Ein Freund kommt und sagt zu Ihnen: „Denk bloß nicht, dass ich schuld bin!“ Was machen Sie? Sie denken im selben Augenblick darüber nach, ob Ihr Freund schuld ist. Ihr Unterbewusstsein hat die Verneinung schlichtweg überhört.

Bei der Suggestionstechnik arbeitet man mit Vorannahmen. Wollen Sie eine solche Vorannahme in Ihre Aussage einbauen, machen Sie das mit Sätzen wie „wie Sie sicherlich wissen“ oder „Sie haben ja auch schon mal die Erfahrung gemacht ...“

Die Vorannahme arbeitet mit dem psychologischen Trick, dass der Gesprächspartner erwartet, dass auf diese einleitenden Worte etwas folgt, dem er oder sie zustimmen kann. Man suggeriert eine Botschaft, die die Worte gar nicht transportieren. Einzig der Empfänger der Worte ist es, der diese Suggestion vornimmt. Das hängt auch von der gesellschaftlichen Sprachkonditionierung ab. Wie ist man aufgewachsen? Welche Bildung hat man, etc.? Auch kann die Bereitschaft, auf derartige suggestive Aussagen einzugehen, von Kultur zu Kultur unterschiedlich sein. So mag es Menschen geben, die sich von solchen Aussagen überhaupt nicht angesprochen fühlen.

Mit der „Erfolgsmasche“ ist es relativ einfach, einen Menschen suggestiv zu manipulieren. Der Grund ist, dass in unserer Gesellschaft jeder erfolgreich sein will. Durch gezielte Sprachmanipulation wird dieser Glaube angesprochen und scheinbar bestätigt.

Bei Suggestionstechniken kommt den kleinen unscheinbaren Worten oft die größte Bedeutung zu. Zum Beispiel ist es eine gängige Methode, eine Frage mit einem „oder“ zu beenden. Das scheint unauffällig und nicht manipulativ. Ist es aber.
Denn das „oder“ als Fragewort führt den Gesprächspartner in der Regel zu einem unterbewussten „ja“. Sie können gerne den Selbstversuch unternehmen und werden feststellen, dass es tatsächlich einen gewaltigen und bewussten Willensaufwand benötigt, um dann „nein“ zu sagen.
Ihre beste Freundin sagt nach einer Party zu Ihnen:
„Das war doch eine super Party, oder?“

Was antworten Sie? Selbst wenn sie Ihnen nicht gefallen hat, würden Sie sehr wahrscheinlich kein „nein“ rausbringen.

Doch was sind die wirklich
„harten“ Manipulationstechniken?
Im Gegensatz zu den „soften“ Methoden erscheinen die „harten“ Techniken oft plump und leicht durchschaubar. Beispiele dafür finden Sie viele.

Schauen Sie nur Talkshows an, in denen Politiker sprechen. Man stellt ihnen eine gut formulierte Frage, auf die eine klare Antwort erwartet werden könnte. Aber das Gegenteil ist der Fall! Entweder wird die Frage nicht beantwortet oder aber es wird eine Gegenfrage gestellt. Beides signalisiert, dass der Gefragte nicht antworten will. Leicht durch-schaubar. Natürlich mischen sich „softe“ mit „harten“ Techniken. Gerade Politiker, die zumeist in Rhetorik professionell geschult worden sind, machen es ihren Zuhörern und potenziellen Wählern absichtlich schwer.
Neben der Angewohnheit, Fragen zu ignorieren, werden häufig suggestive Sprachmodule eingebaut. Hierbei handelst es sich um Worte, bei denen sich ein Politiker sicher sein kann, dass sie vom Zuhörer akzeptiert werden. Da ist es egal, ob damit die Frage eines Journalisten beantwortet wird oder nicht.

Natürlich sollte man Sprachmanipulation nicht als ein „Werkzeug des Bösen“ missverstehen. Das Wort selbst ist seiner Natur nach mehrdeutig. Es gibt keine eindeutigen Worte. Selbst „ja“ und „nein“ sind interpretierbar. Sie kennen das sicherlich selbst.

Es gibt Menschen, bei denen Sie wissen, dass sie das Gegenteil von dem meinen, was sie sagen.

Die Vielfalt der verbalen Manipulationsmöglichkeiten liegt in der Natur des Wortes begründet. Somit manipulieren wir ständig. Denn dem Sinn der Sprache liegt die Intension zugrunde, seinen Willen zu äußern. Damit ist natürlich auch die Absicht verbunden, dass eine Willensäußerung von anderen anerkannt und übernommen wird. Der eigentliche Zweck der Sprache besteht somit in der Anerkennung und Organisation des kooperativen Miteinanders von Menschen. So wird verbale Kommunikation zur Grundlage menschlicher Vernetzungsmöglichkeiten und gesellschaftlichen Miteinanders.

Wenn Sie wollen, dass Ihnen andere zuhören, müssen Sie es erreichen, dass die Zuhörer das Gesagte nicht nur akzeptieren, sondern auch annehmen. An dieser Stelle kommen die verbalen Manipulationstechniken zum Einsatz. Dabei ist das Ziel der Manipulation erst mal nicht entscheidend.

- Metaphern: Die Kraft der Bilder

Schon in Altertum und Antike waren sie ein bewährtes Mittel der Manipulation: Metaphern. Eine „Metapher“ (abgeleitet von dem griechischen Wort „metaphora“, „Übertragung“) bezeichnet einen sprachlichen Ausdruck, bei dem man ein Wort (oder eine Wortgruppe) aus seinem ursprünglichen Bedeutungszusammenhang in einen anderen überträgt.

Jede Metapher ist manipulativ. Das soll nichts Schlechtes bedeuten. Die Welt der Literatur ist angefüllt von Metaphern aller Art. Sie sind ein realitätsbildendes Stilmittel des menschlichen Bewusstseins. Die Metapher ist nie die richtige Botschaft, sie ersetzt eher die richtige Botschaft.

Neurologisch gesehen wird bei der Verwendung von Metaphern das Gehirn, also unter Intellekt, ausgetrickst. Dabei wird der Intellekt durch die Erzeugung von Bildern umgangen. Hier ein Beispiel für eine moderne Metapher: „Als er davon erfuhr, ist er aus allen Wolken gefallen“. Hier wird besonders klar, dass diese Aussage nicht wörtlich gemeint sein kann.

Es gibt verschiedene Arten, welche Sie einsetzen können, um bei Ihrem Gegenüber Bilder und eher emotionale Reaktionen zu erzeugen.

- Ein-Wort-Metapher:
  Hierbei wird eine Analogie innerhalb nur eines Wortes verwendet: „Deckmantel" des Schweigens, Warte-„schlange", Flaschen-„hals".

- Halb-Satz-Metapher:
  Hier findet sich die Metapher in einem Teil des Satzes: „Du wirst dein blaues Wunder erleben", „Du bist stur wie ein Esel, „die meisten Politiker tragen Scheuklappen". Die Wirkungsweise der Metapher lässt bei Menschen entsprechende Bilder im Gehirn entstehen, die dann assoziativ in das Denken
  mit aufgenommen werden.

- Die Geschichten-Metapher (auch Wirk-Metapher"):
  Solche Ausdrucksformen bestehen aus mindestens einem Satz, haben aber meistens eine längere Geschichte als Träger. Hierbei entstehen beim Gesprächspartner die deutlichsten Bilder. Man erkennt den Einsatz einer Metapher häufig an Einleitungssätzen wie „Genauso war es bei ...", „das ist wie damals in ...", „das kann man vergleichen mit ..."

Ausgewählte Methoden der Sprachmanipulation

Manipulation ist die geschickte bewusste Handhabung, Kontrolle oder Steuerung einer oder mehrerer Personen. Was Politiker im großen Stil betreiben, macht jeder für sich in seinem Leben häufig auch nicht anders. Wenn Sie einen Freund oder eine Freundin davon überzeugen, mit Ihnen am Abend essen zu gehen, ist das bereits eine Manipulation. Die Überredungskunst, die Sie vielleicht anwenden mussten, besteht mit Sicherheit aus der einen oder anderen hier aufgeführten und erläuterten Technik. Nachfolgend eine Auswahl von Methoden der Sprachmanipulation, die häufig zum Einsatz kommen:

1. Die Verbergungsmethode

Hierbei geht es um das Verbergen oder Kaschieren der sprechenden Person. Machen Sie sich selbst sprachlich gewissermaßen „unsichtbar“, können Sie weitaus effektiver aus Ihrer Deckung heraus agieren. Das eigentlich Wichtige wird hinter Abstraktionen kaschiert. Personen, Handlungsergebnisse treten als Satzsubjekte auf. Sie sprechen nicht von beteiligten Personen, sondern von „der Wirtschaft“ oder „der Firma“. Die Absicht dabei ist, die eigentlichen Urheber und ihre Verantwortung hinter Worten verschwinden zu lassen. Dies können Sie auch im privaten Bereich anwenden.

Wenn Sie zum Beispiel jemandem gewisse Einzelheiten aus Ihrer beruflichen Tätigkeit verheimlichen wollen, könnten Sie sagen: „Meine Firma erwartet von mir ..."

2. Die Herabsetzungsmethode

Bei dieser Methode wird ein Sachverhalt, ein Ereignis oder eine Person moralisch herabgesetzt. Diktatoren etwa spricht man oft ihre Menschlichkeit ab, um sie zu einem Tabu zu erklären. Metaphern, Wörter oder Satzkonstruktionen, die Menschen zu Dingen, Tieren oder Sachen reduzieren, werden als „enthumanisierende" Sprache bezeichnet. Beispiele sind „Sozialschmarotzer" oder „Parasiten". Auch die Reduzierung eines Menschen zu einem Objekt, aber auch seine Funktionalisierung fallen in dieselbe methodische Kategorie. Definiert man Menschen nur noch als Teil eines anonymen Apparates, verlieren sie ihre Bedeutung als Individuum und Persönlichkeit.

Es gibt Bereiche des alltäglichen Lebens, in denen man dazu übergegangen ist, derartige enthumanisierende Begriffe zum Normalfall zu machen: Da wären der „Konsument", der „Verkehrsteilnehmer" oder der „Arbeitnehmer". Dass damit menschliche Individuen mit ganz unterschiedlichen Bedürfnissen gemeint sind, wird dann bedauerlicher Weise zumeist vergessen.

Genauso kann man einen Sachverhalt durch Zahlen in Form von Statistiken „anonymisieren". Diese Manipulationsmethode ist eine Spezialität von Politikern, die sich gerne gegenseitig Zahlen an den

Kopf werfen, um die Ernsthaftigkeit der Lage zu kaschieren oder zu verharmlosen. Außerdem hat diese Methode den Vorteil, dass diese Zahlen im Augenblick des Gesprächs nicht verifiziert werden können. Sie bleiben dann als vermeintliche Wahrheiten im Raum stehen.

3. Die Beschönigungsmethode

Hierbei werden ideologisch gesteuerte gesellschaftliche oder ökonomische Prozesse mit Hilfe von Metaphern beschönigt. Ein Beispiel: „Die Wirtschaft blüht".

4. Die Umdeutungsmethode

Durch die Umdeutung oder Schaffung von Begriffen können bestimmte herrschende Zustände gerechtfertigt und legitimiert werden. Es gibt ein Beispiel für eine solche Umdeutung, die tatsächlich in aller Munde ist: Dies sind die Begriffe „Arbeitgeber" und „Arbeitnehmer". Bei genauem Nachdenken stellt man fest, dass der Sinn der Begriffe umgedreht wurde. Wie kann jemand, der die Arbeitskraft einer Person kauft, als „Arbeitgeber" bezeichnet werden? Er müsste richtigerweise „Arbeitnehmer" genannt werden. Der Angestellte einer Firma, der seine Arbeitskraft zur Verfügung stellt, sollte dann eigentlich „Arbeitgeber" heißen.

5. Die Reduktionsmethode

Hierbei werden komplexe Vorgänge zu einfachen, eingängigen Gegensätzen. Es handelt sich dabei um eine meist unzulässige Vereinfachung der Wirklichkeit. „Der Osten gegen den Westen“, „Rechts gegen Links“, „Reich gegen Arm“. In dieselbe Kategorie gehören auch Vereinfachungen, Schematisierungen und Polarisierungen. Die Taktik der unzulässigen ideologischen Polarisierung wird zumeist in politischen Debatten angewandt. Ein Beispiel ist „Freiheit statt Sozialismus“.

6. Killerphrasen

Es ist bereits mehrfach erläutert worden, dass verbale Angriffe jeglicher Sachgrundlage entbehren. Ihr Sinn ist es einzuschüchtern oder zu verunsichern, das Gegenüber zum Schweigen zu bringen oder aber den Gegner mit provokativen Äußerungen aus der Reserve zu locken.

Wenn Sie sogenannten „Killerphrasen“ erfolgreich kontern wollen, müssen Sie erst mal einen kühlen Kopf bewahren. Sich in Empörung oder Wut zu ergehen, spielt Ihrem Gesprächspartner nur in die Hände. Auch Rechtfertigungen haben bei Killerphrasen nichts zu suchen. Sie können selbstverständlich einen solchen verbalen Angriff einfach ignorieren und den Gegner links liegen lassen.

Wenn Sie aber kontern möchten, weil es die Situation erfordert, sollten Sie dabei immer sachlich bleiben. Anderenfalls begeben Sie sich auf das Niveau Ihres Gegenübers.

So könnten Sie zum Beispiel reagieren:

- Sachlich bleiben
- Eine Rückfrage stellen und dem Gegenüber zu einer sachlichen Aussage zwingen.

Killerphrase	Kontermöglichkeit
Das sieht in Wirklichkeit aber ganz anders aus!	Ja? Dann erzählen Sie mal!
Für solche Kleinigkeiten haben wir jetzt wirklich keine Zeit!	Gut, wann nehmen wir uns eben jetzt die Zeit dafür?
Typisch Angestellter/Sekretär/in...	Abgesehen von diesem Pauschalurteil: Haben Sie zur Sache auch noch Argumente?
Damit liegen Sie völlig falsch!	Was meinen Sie damit genau?
So haben wir das noch nie gemacht!	Was spricht dagegen, etwas Neues auszuprobieren?

Manipulationstechniken

Nach Körpersprache und verbaler Sprache folgen nun Manipulationstechniken, bei denen noch andere Aspekte eine wichtige Rolle spielen. Hier geht es um ganze Strategien, die ersonnen werden, um Menschen zu beeinflussen.

Wer sich über Steuerungstechniken Gedanken macht, um sie entweder selbst einzusetzen oder sich gegen sie zu wappnen, sollte darüber nachdenken, was Manipulatoren überhaupt beabsichtigen.

Es gibt Manipulations-Profis. Das sind zumeist Soziopathen, Narzissten, krankhafte Lügner oder Psychopathen. Dies wird später noch im Kontext der sogenannten „Dunklen Triade“ näher erläutert. In der Praxis kann man solche Personen relativ leicht erkennen.

Jede wirklich vorsätzliche Manipulation hat einen Grund: Der Autoverkäufer will Ihnen ein Auto verkaufen und wird das Modell, das Sie kaufen sollen, natürlich in den höchsten Tönen loben. Der Bankangestellte wird Ihnen die Vorzüge seiner Bank erläutern wollen.
Die Situationen, in denen Sie manipulativen Menschen begegnen, sind unzählbar. Manipulatoren werden mehr oder weniger „soft“ oder „hart“ versuchen vorzugehen, um bei Ihnen ihr Ziel zu erreichen:

1. Ihre Willensstärke auslöschen

Das bedeutet, dass man versucht, Zweifel zu säen, damit Sie sich freiwillig unter ihren Schutz stellen. Das berühmteste Beispiel stammt aus der Religion: „Du bist ein Sünder und nicht gottgläubig genug, also wird dich der Teufel holen.“ Ergo, Sie gehen in die Kirche.

2. Ihr Selbstvertrauen zerstören

Man hackt ständig auf Ihnen rum. Alles, was Sie tun, sei falsch. Jedoch werden sie Ihnen erzählen, dass dies nur zu Ihrem Besten geschieht. Immerhin ginge es darum, Fehler aufzudecken.

3. Passiv-aggressive Rache

Diese Personen bestrafen Sie mit ihrer Ignoranz. Wenn Sie deren Hilfe brauchen, lassen sie Sie links liegen. Eine einzige Bitte reicht aus, und sie lassen Sie fallen oder sprechen nicht mehr mit Ihnen.

4. Realitäten verdrehen

Manche Menschen genießen es, andere Menschen zu verwirren. Sie lieben es, Diskussionen und Missverständnisse zu kreieren.

Haben sie einmal Streit verursacht, bleiben sie selbst außen vor und amüsieren sich über die Streitenden.

5. Schuldzuweisungen

Diese Methode ist sehr beliebt. Besonders in kriselnden Partnerschaften werden diese von den Betroffenen häufig angewandt. Der eine beschuldigt den anderen, in der Hoffnung dadurch ein Schuldgefühl zu erzeugen. Diese Menschen greifen auf subtile Weise an, oft mit Kleinigkeiten, die nicht der Rede wert sind. Sie verhören den anderen, verleugnen Tatsachen.

6. „Gaslighting“

Übersetzt bedeutet dieser Begriff „Gasbeleuchtung“. Dabei handelt es sich um eine der hinterhältigsten Formen der harten Manipulation.
Es fallen im Gespräch Sätze wie „das ist nie geschehen“, das hast du dir nur eingebildet“, „du bist ja verrückt geworden“, „du lügst ja“, etc. Dadurch soll die Realitätssicht des Gegenübers verzerrt werden. Der Gesprächspartner soll verwirrt werden, indem er dazu verleitet wird, etwas zu glauben, was gar nicht stimmt. Sie können allerdings eine Person, die sich Ihnen gegenüber so verhält, auch verwirren. Und zwar, indem Sie scheinbar auf das Gesagte eingehen. Sie kontern also mit den Worten „ja, genau, das stimmt ...“, „es ist wirklich nie geschehen“, etc.

Damit nehmen Sie Ihrem manipulativen Gegenüber sofort den Wind aus den Segeln. Die Strategie, Sie zu manipulieren, muss nochmal überdacht werden. Sie gewinnen Zeit, in der Sie zum Gegenschlag ansetzen können. Das gelingt Ihnen sehr einfach, indem Sie die jeweilige Person dann auf etwas ansprechen, von dem Sie wissen, dass es ihr peinlich ist. Also z. B. „wie war das noch damals mit ...“, „weiß du noch, als du damals ...“. Sie wenden den Versuch, Sie zu verwirren ab und drehen den Spieß um. Ihr Gegenüber muss jetzt schnell schalten, um nicht ins Hintertreffen zu geraten. Wer aber schnell reagieren muss, macht meistens auch Fehler. Das ist Ihre Chance, das Gespräch an sich zu reißen.

7. Projektion

Bei dieser Methode versucht der Manipulator, seine eigenen negativen Eigenschaften auf Sie zu übertragen. Oder er bzw. sie verlagert die Verantwortung für sein eigenes Verhalten auf Sie. Diese Methode wird häufig von Narzissten und Psychopathen genutzt. Sie weisen Schuld oder Verantwortung rücksichtslos von sich. Damit können sie dann stets behaupten, dass es die böse Welt um sie herum sei, die Schuld an der Misere ist. Extreme politische Ausrichtungen, die viele Züge psychopathischer Menschen aufweisen, nutzen diese Strategie oft unbewusst.

8. Sinnlose Gespräche

Diese Strategie dient im Wesentlichen der Verwirrung des Gegenübers. Unsinn erzählen, unplausible Erklärungen abgeben, Nebelkerzen werfen und längst vergangene, unwichtige Ereignisse hervorkramen, gehören zu den Stilmitteln solcher Personen. Durch überlange, ermüdende Monologe versuchen solche Menschen, ihr Gegenüber einzulullen, um vom eigentlichen Thema abzulenken. Nach einer Weile vergessen viele Gesprächspartner dann, worum es eigentlich ging. Das Gespräch wurde in eine andere Richtung abgelenkt. Das Beste, was Sie in einem solchen Falle tun können, ist: Den Schlussstrich ziehen und das Gespräch einfach zu beenden – Punkt! Ob man dazu versöhnliche Worte sagt oder nicht, bleibt der Situation und den Beteiligten überlassen.

9. Verallgemeinerungen

Manche Manipulatoren wenden oft allgemeine, vage und unkonkrete Aussagen als Waffe an. Dadurch mögen sie vielleicht sogar manchmal als intellektuell erscheinen, dennoch aber ist es nur „heiße Luft“. Durch verallgemeinernde Schlussfolgerungen sollen Sie aus dem Konzept gebracht werden. Sie sollen dadurch „nicht zum Punkt“ kommen.

10. Disqualifikationen

Mit dieser Methode versuchen Manipulatoren ihr Gegenüber zu verunsichern. Sie sollen Zweifel an sich selbst bekommen und dadurch Ihre Argumentationslinie aufgeben. Man kann dann Phrasen hören wie „Du willst immer Recht behalten", alles stört dich", „du mäkelst immer an allem rum", etc. Wollen Sie diese Methode abwehren, können Sie das Gespräch mit einem leicht ironischen „danke" beenden. Oder aber Sie lassen Ihr Gegenüber auf seiner oder ihrer eigenen Methode auflaufen, indem Sie sagen: „Ich denke, du hast nur schlechte Laune. Lass uns später weiterreden". Mit Sicherheit wird das den Manipulator verärgern, denn die meisten Menschen, die bewusst manipulieren, können eines nicht vertragen: Ignoriert zu werden.

11. Absurditäten

Hier liegt das oberste Ziel des Manipulators darin, Ihre Absichten und Ihre Moral zu untergraben. Deren Tricks sollen Sie schwächen. Sie wollen oft, dass Sie dasselbe glauben wie sie. Sie können Ihnen die absurdesten Worte in den Mund legen oder Behauptungen über Dinge aufstellen, die nicht der Wahrheit entsprechen. Einige Manipulatoren geben vor, Ihre Gedanken lesen zu können. Dann hören Sie Sätze wie: „Siehst du, das hatte ich gleich gewusst" oder „kenne dich doch lange genug". Auch hier sollten Sie am besten so tun, als würden Sie nachgeben.

Sie erwidern einfach, dass die Person richtig liegen würde. Das wird Ihr Gegenüber überraschen und der Punkt geht dann an Sie. Da Manipulatoren um ihre Fähigkeiten am besten wissen, kann das sogar so weit führen, dass sie Opfer ihrer eigenen Strategie werden und verwirrt aus dem Gespräch herausgehen. Sie sagen also einfache Dinge wie: „Ist schon gut“, „klar, hast Recht“, etc.

12. Die „Ja-aber“-Methode

Dieses berühmte „Ja, aber“ hat Ihnen sicherlich schon oft zu schaffen gemacht. Sie kommen zu einem Freund oder einer Freundin und erzählen ihr von etwas, das Ihnen besonders wichtig ist. Was erwidert wird, ist „ja, aber“. Diese manipulative Relativierung soll dazu dienen, Ihnen die Freude an einem Erfolg zu nehmen. Lassen Sie sich dadurch einschüchtern, ist es oft ein Einfaches, Sie von etwas anderem zu überzeugen. Doch Sie müssen dabei immer eines wissen: Ihr Erfolg bleibt Ihr Erfolg, auch wenn es viele Neider gibt. Sie dürfen solchen Aussagen keinen Glauben schenken. Es sind Tricks, Sie zu entmutigen.

13. Unterbrechungen

Wer kennt es nicht? Die ständigen Unterbrechungen. Kaum hat man einen Satz begonnen, wird man auch schon unterbrochen. Das passiert überall in Alltag und Beruf.

Es kann natürlich echte Ungeduld sein, die Ihr Gegenüber dazu verleitet, Sie laufend zu unterbrechen. Manchmal ist es eine mangelnde Gesprächskultur, die Ihr Gegenüber auszeichnet. Oft jedoch ist es auch eine kalkulierte Manipulation. Wer andere unterbricht, will damit seine überlegene Situation signalisieren. Nach dem Motto: Wer spricht, ist an der Macht. Inhaltliche Argumente helfen gegen diese Masche nicht. Einzig die vehemente Zurückweisung der Unterbrechung oder der Abbruch des Gesprächs schaffen Abhilfe.

Haben Sie es mit einem Kampf-Rhetoriker zu tun, so wird er versuchen, Sie in Ihrem Redefluss mit sogenannten „geschlossenen Fragen“ zu unterbrechen. „Findest du das gut, was du da machst? Nein! Warum machst du es dann?“ Die Zwischenfragen können aber auch weniger auffällig sein: „Was ist der Hintergrund dieses Sachverhalts?“ Diese Frage wirft den Gesprächspartner mit seiner Argumentation aus der Bahn. Eine Chance zum Gegenschlag für den anderen.

14. Vermeintliche Wissenschaftlichkeit

Diese Menschen werfen mit wissenschaftlichen Zitaten nur so um sich. Erstens sind diese Zitate meistens aus dem Zusammenhang gerissen. Zweitens dienen sie als günstiges Versteck. Man muss sich nicht stets mit seiner eigenen Meinung zu sehr aus dem Fenster lehnen. Außerdem erscheint man mit ständigem Zitieren clever, gebildet und akademisch.

Argumente der Gegenseite lassen sich einfach für falsch abtun. Das sind die Schlaumeier, die Sie mit ihren eigenen Waffen schlagen können, indem Sie mit Zitaten zurück kontern. Sie können diese Menschen aber auch mit einfachem Nachfragen bändigen, denn viel mehr als das Zitat kennen sie in der Regel nicht. Oft sind diese Zitate sowieso frei erfunden und sollen nur authentisch klingen.

15. Ahnungslosigkeit

Ahnungslosigkeit heucheln ist vielleicht eines der am meisten verbreiteten Mittel, um unbequemen Antworten aus dem Weg zu gehen. Oft wird diese Methode spontan eingesetzt. Man kann sie nutzen, um Zeit zu gewinnen und eine Situation zu überdenken. Oft hört man Satze wie „Was willst du mir eigentlich erzählen?“, „Ich verstehe nicht, was du meinst“, etc. In der Regel hat derjenige sehr wohl verstanden, gibt sich nur verständnislos. Dadurch ist es möglich, einen Gesprächspartner aufs Glatteis zu führen. Muss sich jemand ständig wiederholen, ohne verstanden zu werden, verliert er schnell den Gesprächsfaden. Er wird unsicher und verliert sogar oft die Geduld. Damit kann ein unbequemes Gespräch verhindert werden. Kontern können Sie bei einer solchen Person mit einer Frage wie „Was genau hast du denn nicht verstanden?“

16. Angreifen

Obwohl Gespräche immer sachlich geführt werden sollten, nutzen viele Menschen die Gelegenheit zum Angriff auf ihr Gegenüber. Der Zweck besteht auch hier darin, den Gesprächspartner von einer vernünftigen Argumentation abzubringen. Da hört man zum Beispiel Aussprüche wie „Du bist ja ganz schön weitergekommen. Leider hapert's aber an der Qualität.“ Will man daraufhin jemanden in seine Schranken verweisen, kann man erwidern: „Was genau willst du damit sagen?“ Gegenfragen sind in vielen Situationen die beste Lösung, um einen verbalen Angriff erfolgreich abzuwehren. Dann nämlich muss sich der Gesprächspartner schnell eine neue Strategie ausdenken. In vielen Fällen klappt das nicht.

17. Alternativen

Diese Taktik kann sehr wirkungsvoll eingesetzt werden: „Möchten Sie morgen Überstunden machen oder am Montag länger arbeiten?“ Mit dieser Frage werden Sie blitzschnell und unerwartet vor eine Alternative gestellt. Damit wird Ihnen die Zeit genommen, um sich genaue Gedanken über die Antwort zu machen. Sie kennen das sicherlich. Sie sagen „ja“ und eine halbe Stunde später bereuen Sie Ihre Zusage. Das Ziel solcher Blitzattacken ist es, dem Gegenüber keine Möglichkeit zum Nachdenken zu lassen und die eigene Ansicht sowie die gewünschte Entscheidung aufzuzwängen.

Sie können kontern, indem Sie offen Ihr Recht auf Bedenkzeit einfordern, was im Normalfall auch gewährt wird. Erwidern können Sie in solchen Fällen zum Beispiel mit: „Das ist viel zu wichtig, um es jetzt gleich zu entscheiden.“

18. Dagegen sein

Sie kennen es vermutlich zur Genüge. Es gibt Leute, die ständig gegen alles und jeden sind. Sie können niemals zustimmen, sind schlicht und ergreifend gegen alles. Ständige Widerrede verwirrt das Gegenüber, bringt es aus der Ruhe. Diese Methode hat Ähnlichkeit mit dem berühmten „ja, aber...“. Sätze wie „Ja, aber man muss dabei bedenken...“, „Super interessant, jedoch ...“ sprechen für sich. Wird zusätzlich die entsprechende Körpersprache verwendet, um eine gewisse Missbilligung auszudrücken, kann diese Handlungsweise sehr provozierend wirken. Lässt sich das Gegenüber provozieren, hat man leichtes Spiel, die Situation für sich zu entscheiden. Dann folgt die Attacke: „Und du denkst, du kannst darüber sprechen?“ Es ist dann sehr schwer andere davon zu überzeugen, dass man ursprünglich Recht hatte.

19. Indirekte Beleidigung

Unfaire Gesprächspartner neigen gerne dazu, Menschen zu beleidigen. Anstatt zu sagen: „Da habe ich mich leider falsch ausgedrückt“ oder „Das ist jetzt ein Missverständnis“ sagen solche Manipulatoren gerne „Du verstehst mich falsch.“ Das ist eine sehr aggressive Gesprächsführung, die den Vorwand liefert, ein Gespräch ohne weiteren Grund zu beenden.

20. Kompetenz anzweifeln

Hierbei geht es darum, die Fähigkeiten des Gegenübers offen in Frage zu stellen. Dadurch vermeidet man es, auf Inhalte eingehen zu müssen. Diese Methode wirkt oft sehr plump und abgedroschen. Sie hören dann Sprüche wie „Das sagst du nur, weil du noch jung bist“ oder „Du kannst das noch nicht wissen. Da fehlt dir die Erfahrung“. Diese Manipulationstechnik machen sich oft Ältere zunutze, die sich mit jüngeren Menschen unterhalten.

Auch der Trick mit Theorie und Praxis fällt in diese Kategorie. „Dein Vorschlag klingt gut, ist aber nur theoretisch. In der Praxis funktioniert das nicht.“

21. Direkte Herabwürdigung

Hier ist die unverstellte, unverhohlene Beleidigung des Gegenübers gemeint. Dann hört man Äußerungen wie „Wir wissen ja alle, dass gerade Sie als Wirtschaftswissenschaftler an echten Lösungen nicht interessiert sind.“ Eine verfeinerte Variante der direkten Herabwürdigung nutzt den Zusatz des Humors. Wenn jeder darüber lacht, wirkt es bei weitem nicht so negativ. Ein Beispiel: „Die Farbe deines Hemdes entspricht deiner Gesinnung“.

22. Nebensächlichkeiten

Es gibt Manipulatoren, die es darauf abgesehen haben, sich auf Nebensächlichkeiten zu versteifen. Sie spielen unwichtige Details eines Sachverhalts unnötig hoch, um damit vom eigentlichen Kernpunkt abzulenken. Gibt es Zuhörer, bemerken sie nicht, dass das Gespräch an der Hauptsache vorbeiführt.

23. Moralisch werden

Eine der wirkungsstärksten und gleichzeitig unfairsten Stilmittel in einem Gespräch oder einer Diskussion ist der Moral-Hammer. Moral hat in der Regel einen so hohen Stellenwert, dass man es oft nicht wagt, zu kontern. Taktische Moral-Sprüche klingen wie „Wer XY tut, zerstört das Erbe unserer Kultur“ oder

„Wer immer mehr Atomkraftwerke baut, spuckt auf die Gräber der Atomopfer."

24. Den Strategen spielen

Der Manipulator gibt sich als großer Stratege mit Übersicht. Diese Variante ist häufig anzutreffen. Besonders im digitalen Zeitalter, wo jeder Mensch über das Internet Zugang zu sehr vielen Informationen hat, wachsen selbst ernannte Experten und Strategen mit „Übersicht" aus dem Boden wie Pilze. Bringen Sie in einem Gespräch Fakten an, werden diese als kleinlich abgetan. Das große Ganze müsse man beachten, heißt es dann gern. „Das ist schnell daher gesagt" oder „Das ist viel zu ungenau" gehören als manipulative Floskeln in diese Stilmittel Kategorie. Wenn man diese Taktik clever anwendet und es nicht übertreibt, kann man sein Gegenüber vor anderen schnell als Schwätzer dastehen lassen.

Dies ist nur eine Auswahl aus der Vielfalt von Manipulationstechniken, welche existieren.
Grundsätzlich gilt bei einem Gespräch das Prinzip: Wer fragt, führt. Wer gefragt wird, wird geführt.
Wenn Sie geschickt sein wollen, sollten Sie grundsätzlich erst einmal abwarten, wie sich ein Gespräch entwickelt. Das gilt für Menschen, die Sie nicht weiter kennen.
Im Freundeskreis ist das natürlich etwas anderes.

Manipulatoren sind in der Regel schwächer als sie vorgeben. Sie ziehen ihre Energie aus einem planvollen Vorhaben, Sie zu manipulieren. Sie werten sich dadurch auf. Sie fühlen sich stark. Das Schlimmste, was einem Manipulator passieren kann ist, dass seine Bemühungen ins Leere laufen. Wenn ihre Tricks also nicht fruchten, werden Manipulatoren schnell nervös und manchmal sogar ungehalten. Schließlich wollen sie ja, dass man ihren Spielregeln folgt. Die Toleranzschwelle eines Manipulators ist von daher meist nicht sehr hoch. Wenn Sie nicht auf die Beeinflussungsversuche eingehen, kann es sein, dass diese Person beleidigend Ihnen gegenüber wird. Auch physische Gewalt könnte ein Ventil sein, dem sich manipulative Menschen bedienen. Darum ist es immer wichtig, bei allen Manipulationsversuchen beherrscht zu bleiben und einen kühlen Kopf zu bewahren. Dass solche Menschen nur die Früchte ihres eigenen Misstrauens ernten, sollte Sie darin bestärken, sich nicht unterkriegen zu lassen.

Manipulationen in Alltag und Beruf

Es ist schwierig, Manipulationstechniken in Kategorien zu unterteilen bzw. genau zu definieren, welche Methoden in bestimmten Situationen genutzt werden sollten. Nicht nur in der beruflichen Umgebung oder bei Gesprächen mit Bekannten und Freunden können Manipulationsversuche auftreten. Dies kann auch in ganz banalen Alltagssituationen geschehen.

Ein bisschen Manipulation ist immer erlaubt!
Jeder geht davon aus, dass der andere versucht, sich in ein günstiges Licht zu rücken. Ich möchte betonen: Dies ist nichts Böses, sondern Bestandteil der menschlichen Existenz.

Manipulationstechniken können sehr gut eingesetzt werden, um in Alltag und Beruf andere Menschen für sich und seine Ziele zu begeistern und zu motivieren. Das funktioniert bei Menschen, die Sie bereits kennen, ebenso wie bei Menschen, welche Sie neu kennenlernen.

1. Achten Sie auf die Augen!

Lernen Sie jemanden kennen, dann schauen Sie während des ersten Gesprächs immer in die Augen Ihres Gegenübers. Der berühmte Film-Satz „Schau mir in die Augen, Kleines“ macht sehr viel Sinn.

Der direkte Augenkontakt vermittelt grundsätzlich Selbstsicherheit. Bleiben Sie beim Augenkontakt innerlich ruhig und gelassen. Ihr Gegenüber wird dies unbewusst wahrnehmen. Dabei sollten Sie stets daran denken, wie Sie selbst reagieren. Wie verhalten Sie sich, wenn jemand auf Sie zukommt und Blickkontakt zu Ihnen hält? Oder andersherum gefragt: Wie reagieren Sie, wenn sich jemand mit Ihnen unterhält und dabei ständig in den Himmel oder aufs Handy starrt oder anderweitig abgelenkt ist? Er oder sie signalisiert Ihnen damit, dass er / sie nur geringes Interesse an Ihnen und dem Gespräch hat.

2. Der erste Eindruck zählt!

Es gibt Menschen, die behaupten, der erste Eindruck würde in der Regel überbewertet werden. Dem ist aber nicht so. Dafür müssen wir uns vor Augen führen, dass sich die menschlichen Grundverhaltensweisen seit Jahrtausenden nicht verändert haben.
Auch wenn es heute in unserer Gesellschaft nicht mehr um die ursprünglich zugrundeliegende Gefahrenabwehr geht, spielt der erste Eindruck von einem Menschen immer noch eine gravierende Rolle. Dabei kommen alle Sinne zum Einsatz, übrigens auch der Geruchssinn. Der Ausspruch, „jemanden nicht riechen zu können“ hat damit zu tun.

Der erste Eindruck

- dominiert alle darauffolgenden Eindrücke und Erfahrungen
- dominiert die Interpretation dessen, was die andere Person tut oder sagt
- dominiert die Wahrnehmung anderer Personen,
  die leicht übersehen werden können
- dominiert die Entscheidung, ob eine Person sympathisch oder unsympathisch ist

3. Der Händedruck

Natürlich ist es unmöglich, jedem immer gefallen zu können. Man ist, wie man ist. Daran sollte man auch nichts ändern. Authentizität ist immer vorrangig. Doch ein selbstsicheres Auftreten ist empfehlenswert.

So sollte auch der Händedruck fest, trocken und kräftig sein. Glitschige Hände lassen Menschen oft unsympathisch erscheinen. Diese Erfahrung haben Sie vielleicht schon selbst machen können. Auch ein Händedruck, der keinen Widerstand hat, wird eher negativ bewertet. Oft gilt man dann als eine Person, die sich nicht durchsetzen kann. Manipulatoren suchen sich solche Personen gerne als Opfer aus. Es gibt aber auch Menschen, die Ihnen übermütiger Weise die Hand zerquetschen. Schraubstock-Hände sind auch nicht das Wahre.

Der Mittelweg sollte es sein. Nicht zu fest, aber auch nicht zu locker.

4. Körperhaltung und der „Halo-Effekt“

Achten Sie auf Ihre Körperhaltung! Natürlich ist es unmöglich, immer eine perfekte Körperhaltung einzunehmen. Wir ertappen uns alle hin und wieder dabei, den Rücken zu krümmen oder eher energielos zu erscheinen. Wundern Sie sich also nicht, wenn ein erstes Kennenlernen daneben geht, weil Sie eine ungünstige Körperhaltung eingenommen haben. Die Körpersprache ist überaus wichtig bei der Ersteinschätzung von Menschen.

Bei Ihrem Auftreten können Sie den bereits angesprochenen Halo-Effekt nutzen. Sind Sie selbstbewusst, treten Sie stets erhobenen Hauptes auf. Sie zögern nicht mit Ihren Schritten, sind eher forsch. Damit überstrahlen Sie die meisten anderen Menschen, die das nicht tun.

Der Halo-Effekt basiert auf einer kognitiven Verzerrung. Dabei schließen wir von den bekannten Eigenschaften einer Person auf ihre uns unbekannten Eigenschaften. Man kann es auch einen voreiligen (Fehl-) Schluss nennen.

Der Halo-Effekt wirkt in beide Richtungen, also positiv wie negativ.

Lernen wir eine Person in einer misslichen Situation kennen, wird diese Situation das Gesamtbild der Person „überstrahlen“. Der erste offensichtliche Charakterzug, mit dem wir jemanden kennenlernen, hat eine ähnliche Wirkung. Er verändert die Wahrnehmung aller anderen Eigenschaften, die wir im Zuge einer Bekanntschaft oder Freundschaft noch kennenlernen werden. So können etwa introvertierte Menschen als eingebildet oder egoistisch interpretiert werden. Aus sparsamen Menschen werden Geizhälse und aus schüchternen Personen selbstverliebte Pfauen.

Der Übeltäter ist dabei unser eigenes Gehirn. Es ist ständig bemüht, neue Informationen mit bereits vorhandenen abzugleichen. Es ist sein Ziel ein harmonisches, klares Bild zu bekommen. Widersprüche werden dabei auf positive oder negative Weise ausgeglichen. Das führt zu Verzerrungen, denn Menschen sind vielschichtiger, als unser Gehirn es oft wahrhaben will.

5. Setzen Sie die Sprache ein!

Über Sprachmanipulationen ist weiter vorne bereits ausführlich gesprochen bzw. geschrieben worden.

Allgemein ist es nützlich für Sie zu wissen, dass der sogenannte Small Talk beim Kennenlernen sehr wichtig ist. Damit erfahren Sie auf unkomplizierte und natürliche Weise etwas über Ihr Gegenüber.

Aber Vorsicht ist geboten! Es kommt nicht selten vor, dass man bei einem Kennenlerngespräch den Bogen überspannt. Man kann sein Gegenüber mit Small Talk auch zu Tode quatschen!
Hier sollte man Fingerspitzengefühl mitbringen. In der Regel wird sich Ihr Gegenüber schon unbewusst zu Wort melden, wenn sie oder er das Gespräch beenden will.
Die Konzentration lässt nach, man schaut dem Gesprächspartner nicht mehr intensiv in die Augen oder fängt zum Beispiel an, in der Tasche herumzukramen. Vielleicht schaut man auch auf das Handy, um zu signalisieren, dass man genug fürs Erste hat.

6. Gesten und Haltung

Wichtig: Gesten unterstreichen Ihre Worte.
Damit verleiht man dem Gesprochenen zusätzlich Gewicht. Gesten sollten vor oder während des Sprechens erfolgen, nicht danach. Letzteres kann dazu führen, dass man als unbeholfen oder unentschlossen eingeschätzt wird.

Man sollte seine Gesten aber mit Bedacht wählen: Mit den Armen wild herumzufuchteln ist ein NO-GO!

Es ist wichtig, immer auf die Füße und Körperhaltung Ihres Gegenübers zu achten. Sind die Füße während des Gesprächs auf Sie gerichtet? Ist diese Person auch wirklich an Ihnen interessiert?

Wenn die Füße in eine andere Richtung zeigen als der Körper, kann dies ein Hinweis dafür sein, dass die Person das Gespräch beenden will oder ihr etwas unangenehm ist.

Auch die Stellung Ihrer eigenen Füße spielt eine Rolle. Haben Sie die Füße übereinandergeschlagen, deutet das auf eine gelassene Stimmung hin. Sie sind bereit für das Gespräch. Spreizen Sie Ihre Beine und beugen sich nach vorn, signalisieren Sie Angespanntheit und Nervosität.

Wenn Sie jemanden neu kennenlernen, ist es angebracht, eine etwas schräge und seitwärts gerichtete Körperhaltung einzunehmen. Dabei jedoch nicht dem Gegenüber zu sehr auf den Pelz rücken. Besonders beim anderen Geschlecht könnte das als aufdringlich und übergriffig interpretiert werden. Es sollte immer ein Freiraum zwischen Ihnen und Ihrem Gegenüber existieren – respektieren Sie den unsichtbaren „Dunstkreis“ des anderen. Damit überlassen Sie es Ihrem Gegenüber, selbst zu entscheiden näher zu rücken oder nicht.

7. Die „Fuß-in-der-Tür“-Technik

Man sollte es vermeiden, einen Menschen um etwas zu bitten, das er abschlagen könnte. Damit begibt man sich in eine Defensiv-Situation. Bitten Sie jemanden immer nur um einen Gefallen, den er Ihnen Ihres Wissens nach nicht oder nur sehr schwer abschlagen kann. Dadurch haben Sie sofort den „Fuß in der Tür“.

Wenn Sie dann bei einer anderen Gelegenheit mit größeren Bitten oder Gefallen herantreten, werden diese im Regelfalle seltener abgelehnt werden.
Mit anderen Worten: Klein anfangen und langsam steigern.

Das funktioniert in beide Richtungen: Wenn man jemandem eine Gefälligkeit erweist, wird dadurch das positive Bild einer hilfreichen Person aktiviert, genauer gesagt: Dann ist man für lange Zeit positiv mit dieser Situation verbunden. Umgekehrt ist es so, dass Sie für einen Menschen, welcher Ihnen einen Gefallen erweist, ebenso zu einer wichtigen Person werden. Diese Person bekommt das Gefühl, Sie zu mögen. Sie benötigen seine oder ihre Hilfe. Damit werden Sie „bedürftig“. Mitgefühl und Empathie kommen ins Spiel. Gerade Mitleid lässt Menschen sehr oft die Realität übersehen.

8. Spiegeln oder „Pacing“

Bei dieser Technik passen Sie Ihr Verhalten an das Ihres Gegenübers an. Das sollte immer respektvoll und wohldosiert geschehen. Man kann verschiedene Verhaltensweise spiegeln:

- Stimmhöhe, Sprechgeschwindigkeit, Lautstärke, Satzmelodie
- Sprachstil, Tonfall, sprachliche Besonderheiten
- Atemfrequenz, Atemtiefe, Hüsteln, Gähnen, Räuspern
- Körperhaltung, Gestik, Mimik
- Fröhlichkeit, Nachdenklichkeit, Ausschweifigkeit

9. Aussehen

Ihr Auftreten hängt natürlich auch sehr von Ihrem Aussehen ab. Dies spielt auch beim ersten Eindruck eine entscheidende Rolle. „Kleider machen Leute“, sagt man. Und da ist sehr viel Wahres dran. Grundsätzlich sollten Sie authentisch bleiben. Wenn Sie ein Krawatten-Typ sind, dann nutzen Sie die Wirkung einer Krawatte für sich.
Wenn Sie sich mit einer Krawatte unwohl fühlen, dann lassen Sie sie weg.

Wichtig ist, dass Sie sich in Ihrer Haut wohlfühlen. Das strahlt nach außen und Ihr Gegenüber wird dies unbewusst registrieren. Ein Pluspunkt für Sie, ohne dass Sie ein einziges Wort geäußert haben.

Grundsätzlich werden attraktive Menschen als sozial kompetenter eingeschätzt. Wer teure Kleidung trägt, gehört eher zum „Establishment" als jemand, der bei jeder Gelegenheit einen Jogging-Anzug trägt. Brillenträger werden in unserer westlichen Gesellschaft oftmals intellektueller als andere wahrgenommen. Haben Sie lange Haare, kann man Sie leicht für eine eher anarchische Person halten, die sich ihre eigenen Regeln schafft. Im Gegensatz dazu wirken zu kurze Haare oft militant oder rechtsradikal. Die Glatze schließlich scheint oft etwas Aggressives zu signalisieren.
Sind Sie athletisch? Dann sind Sie „in" und gehören dazu. Korpulente Menschen werden oft als weniger zugehörig eingeschätzt. Sie gelten dafür aber als gutmütig. Dasselbe gilt für Menschen mit großen Bärten.

Dies sind jedoch nur Vorurteile, welche üblicherweise jeglicher rationalen Grundlage entbehren. Natürlich haben diese Vorurteile einen kulturellen Ursprung. Deshalb variieren sie auch von Kultur zu Kultur.

Grundsätzlich sollten Sie auf Ihr Auftreten, Ihr Aussehen sowie auf Ihre Figur achten. Wenn Sie Sport treiben oder sich regelmäßig ausgiebig bewegen, sich gesund ernähren und Ihren Körper pflegen, werden Sie in der Regel für (fast) alle Situationen gewappnet sein.

Die Dunkle Triade

Wenn man über Manipulationstechniken spricht, verweist man damit auf Methoden, die Menschen in bestimmten privaten oder beruflichen Situationen einsetzen. Sie nutzen sie mehr oder weniger erfolgreich, um sich einen bestimmten Vorteil zu verschaffen. Doch es gibt auch Menschen, die mehr tun, als nur das. Sie „leben“ ein manipulatives Leben. So sehr, dass sie zu Opfern dieser Techniken geworden sind. Man hat solche „Vollzeit-Manipulatoren“, wie man sie nennen könnte, von ihrem psychologischen Profil her kategorisieren können. Es handelt sich dabei um sogenannte Narzissten, Machiavellisten und Psychopathen, die zusammen die sogenannte „Dunkle Triade“ bilden. Alle drei Typen von Manipulatoren sind Menschen, die mit narzisstischen, machiavellistischen und psychopathischen Eigenschaften oder Merkmalen behaftet sind. Sie leben, denken und handeln in exzessiver Weise egoistisch und setzen ihre manipulativen Fähigkeiten überall, zu jeder Zeit und Jedem gegenüber rücksichtslos ein.

Schon seit den 1970er Jahren stehen diese Merkmale im Fokus psychologischer Forschungen und Studien. Im Jahre 2002 stellten die Psychologen Delroy Paulhus und Kevin Williams von der University of British Columbia in Kanada die These auf, dass sich alle negativen und schädlichen Tendenzen des Verhaltens von Personen im Wesentlichen auf die drei Eigenschaften Narzissmus, Machiavellismus und Psychopathie reduzieren lassen.

Sie waren es auch, die den Begriff „Dunkle Triade" als psychologischen Terminus etablierten.

Doch nicht immer lassen sich diese drei Kategorien voneinander trennen. Oft überlappen oder durchmischen sie sich. Leider jedoch neigen Personen, bei denen auch nur eine dieser Eigenschaften ausgeprägt ist, auch zur Ausbildung der anderen beiden. So vereinen nicht wenige Menschen die Dunkle Triade komplett in sich. Menschen, die diesem Typus entsprechen, sind in der Regel überaus erfolgreich und kommen ohne Probleme (für sie selbst) durchs Leben.

Narzisst

Narzissmus ist das bekannteste Mitglied der Dunklen Triade. Sein Namensgeber ist Narziss, eine Figur aus der antiken griechischen Mythologie. Der Überlieferung nach verliebte sich Narziss in sein eigenes Spiegelbild. Er wurde von beiden Geschlechtern gleichermaßen verehrt, wies jedoch alle Umwerbungen wegen seiner überzogenen Selbstverliebtheit zurück. Die Folge war, dass Narziss von einem göttlichen Wesen bestraft wurde. Er sollte sein Leben lang an unerfüllter Selbstliebe leiden. Verliebt in sein eigenes Spiegelbild, erkannte er im Laufe der Zeit immer mehr, dass seine Selbstliebe niemals gesättigt werden würde.

Es gibt zahlreiche Merkmale, die einen Narzissten kennzeichnen. Doch nicht nur Eitelkeit, Arroganz und Selbstgefälligkeit zeichnen ihn nach moderner Definition und heutigem Verständnis aus. Narzissten leiden zudem an einer maßlosen Selbstüberschätzung. Sie empfinden ein verstärktes Bedürfnis nach Aufmerksamkeit und Bewunderung durch andere Menschen. Oft behandeln sie andere auch herablassend, reagieren selbst jedoch auf sachliche Kritik höchst uneinsichtig und gereizt. Als deutliche Kennzeichen für Narzissmus gelten ein übersteigertes Grandiositätsempfinden, Anspruchsdenken, Dominanzverhalten und Überlegenheitsstreben.

Selbstüberschätzung und eigene Überbewertung sind so überzogen, dass sie nicht einmal davor zurückschrecken, diese Dinge auch mit physischer

Gewalt zu erzwingen. Das erreichen sie, indem sie Personen ihrer Umgebung „entmachten“ und demütigen. Ihre Beziehungen sind vornehmlich geprägt von dem Streben nach persönlichem Gewinn. Ein aufrichtiges Interesse an anderen Menschen besteht dabei in keinster Weise. Auch so wichtige Aspekte des sozialen Bewusstseins, wie zum Beispiel Empathie und Rücksichtnahme auf andere, werden von Narzissten instrumentalisiert oder geheuchelt. Beziehungen zu anerkannten Persönlichkeiten oder innerhalb von beruflichen Hierarchien werden in ihrem Streben nach Ruhm und Anerkennung übertrieben und überbetont. Für Narzissten sind Mitmenschen nur Gebrauchs-Objekte, die ihnen Bewunderung „zuliefern“.

Machiavellist

Die Bezeichnung „Machiavellismus“ verweist auf den italienischen Staatstheoretiker Niccolò Machiavelli aus dem 16. Jahrhundert, der vor allen Dingen wegen seines vielbeachteten politischen Traktats mit dem Titel „Der Fürst" berühmt wurde. Enttäuscht von seinem politischen Leben und ins Exil aufs Land getrieben, beschreibt er darin eine Art „Lehre“, die einen gnadenlosen Kampf um politische Macht ausdrückt. Er postuliert, dass nur derjenige, der immer ohne jeden Skrupel tut, was die Situation erfordert, auch zum Erfolg gelangt.

Im Gegensatz zum Narzissmus und zur Psychopathie gibt es für Machiavellismus kein klinisches Pendant im

Sinne eines medizinisch anerkannten Störungsbildes. Man beschreibt den machiavellischen Charakter als eine Kombination aus rücksichtslosem Machtstreben, Gefühlskälte und Egoismus. Das Vorgehen des Machiavellisten ist durchdacht, planerisch, kalkulierend und geschickt.

Dabei werden auch Gesetz, Ordnung und gesellschaftliche Regeln übergangen, wenn dies nur dem eigentlichen Ziel dienlich ist. Das besondere Talent eines solchen Menschen liegt darin, die Fassade des ehrbaren, ehrlichen Bürgers, der sich an Recht und Ordnung hält, aufrechtzuerhalten. Ein Machiavellist versucht, sich nicht bei „niederen" kriminellen Machenschaften ertappen zu lassen.

So gelingt es ihm unbemerkt bis in die höchsten gesellschaftlichen Kreise vorzustoßen.

Obwohl die Merkmale der Dunklen Triade in der Regel nicht zu trennen sind und sie sich überschneiden, wurde in einer aktuellen kanadischen Studie herausgefunden, dass es einen kleinsten gemeinsamen Nenner für alle drei Typen gibt: Neigung zu Habgier und Verlogenheit.

Ist der Narzisst selbstgefällig und arrogant, so agiert der Machiavellist aggressiv und brutal. Somit ist er oft besser auszumachen. Wer ein ausgeprägter Machiavellist ist, zeigt sich als Manipulator besonders durchsetzungsstark und mitgefühls- und mitleidlos.

Der Zweck heiligt für ihn die Mittel.

Er stellt seine eigenen Regeln auf und agiert extrem autoritär und diktatorisch.

Psychopath

Im Gegensatz zum Machiavellismus ist die Psychopathie begrifflich weit verbreitet. Wer wird nicht alles als „Psychopath“ bezeichnet?

Jedoch gibt es im Falle des Psychopathen Unterschiede. Die sogenannte subklinische Psychopathie ist von der klinischen Psychopathie abzugrenzen. Letztere besteht in einer echten, schweren und eindeutig diagnostizierbaren Persönlichkeitsstörung. Der Psychopath, von dem hier die Rede ist, gehört der subklinischen Psychopathie an. Sie wird als die rein arbeitsbezogen konzipierte Eigenschaft eines Menschen beschrieben. Ein solcher Psychopath verhält sich ausbeuterisch und rücksichtslos. Sein Handeln ist bestimmt von emotionaler Kälte und einem stark impulsiven Lebensstil. Menschen mit subklinischer Psychopathie kümmern sich sehr oft nicht um Regeln und Strukturen und können nur schwer eine Disziplin einhalten. So sind ihnen langfristige Ziele und strategisches Arbeiten fremd. Aufgrund ihrer erhöhten Impulsivität können sie das eigene Verhalten nur schwer steuern oder in den Griff bekommen. Sie sind die typischen „Thrill-Seeker“, Menschen also, die nach intensiven und exzessiven Lebenserfahrungen aller Art streben. Als Psychopaten sind sie tatsächlich unfähig, sich in andere Menschen hineinzudenken.

Das hat zur Folge, dass sie vollkommen „autonom“ und ohne jedes soziale Bewusstsein agieren können. Hinzu kommt, dass sie meistens über einen außergewöhnlich glatten Charme verfügen, der ihnen Zugang zu vielen Bereichen der Gesellschaft verschafft. Allerdings neigen sie durch ihre Impulsivität eher zum reinen Handeln, als zum Nachdenken. Sie neigen häufig zu offener, unverhohlener Gewaltausübung.

Es gibt interessanterweise eine sehr berühmte „Person“, die von dem australischen Sozialpsychologen Peter Jackson als die perfekte Verkörperung der Dunklen Triade beschrieben wird. Sie heißt James Bond. Der fiktive Geheimagent seiner Majestät vereint alle Merkmale der Dunklen Triade in seinem Wesen und Handeln. Er ist Narzisst, Machiavellist und Psychopath in einem. Schillernd, selbstverliebt, verlockend, selbstherrlich, machthungrig und hochgradig manipulativ bei allem, was er tut. Er stellt das Ziel vor das Wohl anderer, was die Ausübung physischer Gewalt rechtfertigt. Und bei allem, was er tut, ist er letztendlich immer erfolgreich.

Menschen, die der Dunklen Triade angehören, sind allerdings keine Exoten. Narzisstische, machiavellische und psychopathische Züge fallen bei vielen Persönlichkeiten des öffentlichen Lebens ins Gewicht. So spricht man im Kontext der Dunklen Triade oft auch von „Dark Leadership“.
Dieser Begriff zielt auf die Charakterisierung vieler Führungskräfte in Gesellschaft, Politik, Wirtschaft und Religion ab.

Es wird heute davon ausgegangen, dass viele systemrelevante Persönlichkeiten charakterlich auf die eine oder andere Weise der Dunklen Triade angehören. Rücksichtslosigkeit anderen gegenüber und die Unwilligkeit oder Unfähigkeit sich an Regeln zu halten, zeichnet bedauerlicherweise viele bekannte Menschen aus. Die zunehmende Unfähigkeit Kritik gegenüber und das Streben nach sogenannten „Alleinstellungsmerkmalen", die heute gesellschaftlich immer mehr zu beobachten sind, lassen sich im Kontext der Dunklen Triade analysieren und erklären.

Manipulation: Jeder praktiziert sie

Was sollen diese Ausführungen und Erläuterungen zum Thema „Manipulationstechniken“ verdeutlichen?

Zuerst, dass es wichtig ist daran zu denken, was Manipulation nicht ist!

Manipulation ist nicht das unbekannte „Böse“, das irgendwo lauert, um einen zu attackieren. Manipulation ist nicht die geheime Wissenschaft, die nur die oberen Zehntausend beherrschen. Menschen werden nicht nur Opfer von Manipulation, sie manipulieren auch selbst tagtäglich in ihrem unmittelbaren Lebensumfeld.

Beeinflussung ist also nicht das große Unbekannte. Sie ist jedem wohlbekannt, jedoch beschäftigen die meisten Menschen sich nicht bewusst mit Manipulationstechniken. Sie wundern sich indes nur oft darüber, wie sie im Alltag und Beruf manipuliert werden.

Oft ist Manipulation das Ergebnis unbewusster Vorgänge, denn der Mensch ist zum Manipulieren geboren. Schon Babys und Kleinkinder manipulieren ihre Umwelt, um Aufmerksamkeit zu erhalten oder eine bessere Position einzunehmen. Gerade aus diesem Grund, dass Steuerungsmöglichkeiten zum Repertoire des menschlichen Bewusstseins gehören, können Menschen lernen, bewusst manipulativ zu agieren.

Und zwar mit den Mitteln, die sie zur Verfügung haben: Körper und Sprache, die gewissermaßen der Ausgangspunkt jeder Manipulation sind.

Wer sind Manipulatoren?

Im engeren Umfeld können es sein ... Ihre Freundin, Ihr Freund, eine Kassiererin im Supermarkt, der Kellner im Restaurant, Ihr Chef, Ihr Arbeitskollege, Ihr Nachbar, Ihr Verwandter. Schlichtweg **jeder** kann es sein.

Wo fängt Manipulation an, wo hört sie auf?

Wenn man ein Ranking der Manipulationstechniken aufstellen wollte, stünde wohl „Unschuld heucheln“ an erster Stelle. Kommen wir in eine unangenehme oder brenzliche Lage, neigen wir dazu, die Unschuldige oder den Unschuldigen zu mimen.
Der Grund ist einfach: Es ist in der Regel zuerst einmal die einfachste Methode unangreifbar zu bleiben. Doch selbst dieses oft alltägliche Verhalten ist im Kern manipulativ.

Demzufolge ist es wenig verwunderlich, dass man im Laufe der Menschheitsgeschichte daran gegangen ist, ganze Manipulationsstrategien zu entwerfen. Heute ist Manipulation fester Bestandteil bei der Ausbildung vieler Berufsgruppen.

Als Beispiel wären hier der Versicherungsvertreter, der Autohändler, der Banker, der Journalist, der Fernsehmoderator und viele mehr zu nennen. Sie alle werden in den für ihren Beruf notwendigen Manipulationstechniken geschult.

Sie reichen von der Einflussnahme und Manipulation eines Gesprächspartners im Alltag oder Beruf bis hin zu machiavellistischen Personen, die kein geringeres Ziel verfolgen als die Weltherrschaft.

Wollen Sie nicht zur Marionette Ihrer Mitmenschen werden, sollten Sie sich über diese Manipulationstechniken im Klaren sein.

Auf alle Fälle sollten Sie jetzt in der Lage sein zu erkennen, wenn Sie jemand manipulieren will. In der Regel reicht dieses Erkennen der Situation schon aus, um einer Fremdbeeinflussung zu entgehen.
Ist der Alarmknopf erst mal gedrückt, wird es jeder Manipulator schwer haben. Meist werden Sie dazu übergehen, Manipulationen mit den gängigen Methoden abzuwehren. Dabei sollten Sie auch Wert darauf legen, dass eine Situation nicht eskaliert. Wenn Sie erst einmal eine manipulative Situation erfasst haben, ist es leicht, einen klaren und kühlen Kopf zu behalten.

Dann ist es an Ihnen zu entscheiden, wie Sie vorgehen. Brechen Sie das Ganze ab und machen Ihrem Gegenüber klar, dass Sie die Manipulationsversuche durchschaut haben? Oder gehen Sie in die Offensive und schlagen mit Ihren eigenen Mitteln zurück?

In den meisten Fällen werden Sie es womöglich vorziehen, eine Situation zu klären, indem Sie das Gespräch erst mal abbrechen oder auf einen späteren Zeitpunkt vertagen. Damit haben Sie Zeit gewonnen, sich über die Person, die Sie manipulieren wollte, Gedanken zu machen.

Oder möchten Sie der Person einen Denkzettel verpassen? Sie haben auf jeden Fall die Möglichkeit, sich eine Strategie zurechtzulegen für den Fall, dass es noch einmal zu einer solchen Situation kommt. Die meisten Manipulatoren neigen dazu, ihre abgebrochenen oder misslungenen Manipulationsversuche bei der nächsten Gelegenheit zu wiederholen oder nachzuholen. Darauf sollten Sie vorbereitet sein.

Manipulationsversuche im Arbeitsleben sind üblicherweise anders zu bewerten als im Privatbereich. Wenn Sie sich zum Beispiel von Ihrem Vorgesetzten manipuliert fühlen, sollten Sie mit Ihren Reaktionen vorsichtig sein. Denn Sie wollen doch Ihren Job behalten. Viele Chefs manipulieren gerne, reagieren aber sehr allergisch darauf, wenn sie selbst manipuliert werden. Das hat nicht selten schon zu Kündigungen geführt.

Wenn Sie also nicht gerade auf jemanden gestoßen sind, der in eine der drei Typisierungen der „Dunklen Triade“ fällt, können Sie es jederzeit mit einer gewissen Gegen-Manipulation versuchen. Sie sollte vorsichtig und wohl durchdacht durchgeführt werden, aber deutlich genug, um Ihrem Gegenüber zu signalisieren, dass Sie keine Marionette sind. Sei es Ihr Chef oder ein guter Bekannter - oftmals versuchen Menschen ihre Möglichkeiten und Grenzen abzustecken. Sie wollen wissen, wie weit sie gehen können. Wenn Sie solchen Menschen klar machen, dass Sie sich nicht manipulieren lassen, werden sie ihre Attacken einstellen.

Manipulationen zu erkennen und darauf angemessen zu reagieren, verschafft Ihnen einen hohen Grad an Freiheit. Sie werden nicht nur gelassener im Umgang mit Menschen, sondern auch mit anderen Dingen, wie etwa den Medien. Kurzum, Ihr gesamtes Leben gestaltet sich einfacher. Ein Ziel, für das es sich lohnt, sich mit der Welt der Manipulationstechniken zu beschäftigen.

Ich wünsche Ihnen viel Erfolg auf Ihrem Weg!

Haftungsausschluss

„Die Verwendung der Informationen in diesem Buch und die Umsetzung derselben erfolgt ausdrücklich auf eigenes Risiko. Der Autor kann für etwaige Unfälle und Schäden jeder Art aus keinerlei Rechtsgrund die Haftung übernehmen. Haftungsansprüche gegen den Autor für Schäden jeglicher Art, die durch die Nutzung der Informationen in diesem Buch, bzw. durch die Nutzung fehlerhafter und/ oder unvollständiger Informationen verursacht wurden, sind ausgeschlossen. Folglich sind auch Rechts- und Schadenersatzansprüche ausgeschlossen. Der Inhalt dieses Werkes wurde mit größter Sorgfalt erstellt und überprüft. Der Autor übernimmt keine Gewähr und Haftung für die Aktualität, Korrektheit, Vollständigkeit und Qualität der bereitgestellten Informationen. Druckfehler können nicht vollständig ausgeschlossen werden. Weiterhin beruht der Inhalt dieses Werkes auf persönlichen Erfahrungen und Meinungen des Autors. Der Inhalt darf nicht mit medizinischer Hilfe verwechselt werden."

Impressum

Kontakt: Julien Heid, c/o AutorenServices.de,
Birkenallee 24, 36037 Fulda
E-Mail: julien-heid@e.mail.de
Covergestaltung: Julien Heid
Coverfoto: depositphotos.com

44478158R00061

Printed in Poland
by Amazon Fulfillment
Poland Sp. z o.o., Wrocław